Ratgeberecke

Lehrvertrag, Berufsausbildungsbeihilfe & Co

Tricks, Tipps, Formularerklärungen

Andrea Meiling
Rainer Lehmann

Bibliografische Information der Deutschen Nationalbibliothek
Die Deutsche Nationalbibliothek verzeichnet diese Publikation in der
Deutschen Nationalbibliografie; detaillierte bibliografische Daten sind im
Internet über http://dnb.d-nb.de abrufbar.

1. Auflage © **2008 Meiling Verlag**
Autoren: Meiling, Andrea u. Lehmann, Rainer
Buchblock u. Korrektur: K. Bosse
Herstellung und Verlag: Books on Demand GmbH,
Norderstedt
ISBN 9783837030464

Vorwort

Das Ende der Schulzeit bedeutet für dich nicht nur mehr Freiheiten, sondern auch, dass du als Erwachsener ins Berufsleben startest. Spätestens jetzt solltest du dir im Klaren darüber sein, welchen Beruf du ergreifen willst.

In der verwirrenden Vielfalt von Informationen kannst du schnell den Überblick verlieren und gleichzeitig wird mit dem Eintritt ins Erwachsenenleben auch dein Kampf mit den Ämtern beginnen. Was bisher deine Eltern erledigt hatten, wirst du nun immer mehr allein übernehmen müssen.

Damit du nicht ganz auf verlorenen Posten stehst, werden wir dir erklären, was du alles bei der Suche nach einer Lehrstelle sowie bei der beruflichen Ausbildung beachten solltest und welche Leistungen dir zustehen.

So haben wir dir Adressen aufgelistet, bei denen du dich nach Lehrstellen zu deinem Traumberuf erkundigen kannst und welche Alternativen es gibt, wenn du nicht gleich angenommen wirst.

Wir erläutern dir, wie ein Lehrvertrag aufgebaut ist und was dort hinein gehört. Welche Pflichten sich für dich daraus ergeben, aber auch welche Rechte.

Was du tun musst, wenn du schwanger oder Vater wirst und die Elternzeit in Anspruch nehmen willst, erklären wir dir ebenfalls. Wir weisen dich darauf hin, auf welche Besonderheiten du achten musst und wie du deine Lehre weiter gestalten kannst, ohne sie gleich aufzugeben.

Meistens wird mit der Lehrstelle auch der erste Umzug in eine eigene Wohnung anstehen. Ist dein Lehrgeld dafür zu knapp, dann kannst du zusätzliche Leistungen beantragen. Die Berufsausbildungsbeihilfe (BAB) ist eine der Leistungen, die dir zustehen. Wir führen dich sicher durch die ganzen Anträge und geben dir wertvolle Tipps, die legal sind und viel erreichen.

Mobbing und sexuelle Belästigung sind allgemein Tabu- Themen, doch leider sind sie eine Begleiterscheinung im Berufsleben und du wirst damit auf die oder andere Weise konfrontiert werden. Wir geben dir Tipps, wie du damit umgehen kannst, welche Möglichkeiten dir offen stehen, aber auch woran man eine Belästigung erkennt.

Mit einer Behinderung hast du auf dem Lehrstellenmarkt ebenfalls Chancen. Hier gibt es weitaus mehr Fördermöglichkeiten, als bislang bekannt sind. Wir werden sie dir aufzeigen und dir erklären, wo und wie du sie beantragen musst. Wir geben dir Hinweise, wie du geschickt bei einer Bewerbung oder einem Bewerbungsgespräch eben diese Fördermöglichkeiten einflechten kannst.

Nach dem Abschluss deiner Lehre musst du verschiedene Wege erledigen, damit du nicht ohne Einkommen dastehst, denn dein Lehrvertrag ist befristet bis zum Ende der Lehrzeit und 94 % der Lehrstellen sind ohne Übernahme in den Betrieb. Das heißt für dich, du musst dich um eine Arbeitsstelle kümmern und eventuell zum Arbeitsamt gehen. Auch hier geben wir dir Tipps, wie es weitergehen kann und wo du dir die nötigen Informationen holen solltest.

Wir wünschen dir viel Vergnügen beim Lesen des Buches und viel Erfolg in deiner Lehrzeit.

Rainer Lehmann   Andrea Meiling

April 2008

Unterschiede zwischen beruflicher und schulischer Ausbildung

Willst du verstehen, wie dieses Buch aufgegliedert ist, dann solltest du dieses Kapitel genau lesen.

Denn deine mögliche Ausbildung kann nach zwei Gruppen unterschieden und eingeteilt werden, nämlich in die

> - **berufliche Ausbildung**
> - **schulische Ausbildung**.

Trotzdem haben beide eins gemeinsam. Sie werden gefördert durch verschiedene **Ausbildungsförderungen**. Diese sollen dir ein selbständiges Einkommen während deiner Ausbildung ermöglichen, damit du deine Ausbildung schnell und zügig absolvieren kannst.

Für alle Ausbildungsförderungen gilt folgender Grundsatz:

Ziel deiner Ausbildung muss ein anerkannter Berufsabschluss sein.

Sehen wir uns doch mal die **Unterschiede** zwischen **schulischer und beruflicher Ausbildung sowie deren Förderung** genauer an, damit du weißt, wo du dich mit deiner Ausbildung einordnen musst und welche Ausbildungsförderung für dich in Frage kommt.

Tipp: Bist du dir noch im Unklaren, welcher Ausbildungsweg für dich der Richtige ist, dann solltest du dich als **Ausbildungssuchende/r** bei dem für dich zuständigen **Arbeitsamt** (jetzt Agentur für Arbeit) melden und dich beraten lassen. Die **Beratung ist kostenlos** und umfasst unter anderem auch einen Test bei einem Psychologen. Gemeinsam werden mit dir die Ergebnisse durch gegangen und man wird dir sagen, für welchen Beruf du dich eignest. Gleichzeitig kannst du **Bewerbungsbeihilfe** (jährlich bis zu 250 Euro bei der Agentur für Arbeit) beantragen. Unter http://www.arbeitsagentur.de/nn_26028/Navi gation/zentral/Buerger/Ausbildung/Ausbildun g-Nav.html kannst du dich erst einmal informieren.

Tipp: Wenn dir das zu wenig ist, kannst du dich auch in den verschiedenen **Jobbörsen** informieren. Jobbörsen vermitteln nicht nur Jobs an sich, sondern auch Praktika und Ausbildungen.

Tipp: Möchtest du mehr Informationen über deinen zukünftigen Beruf einholen, dann empfehlen wir dir, dich zu erkundigen, ob es einen „**Tag der offenen Tür**" zu deinem Wunschberuf in deiner Nähe gibt. Auskunft darüber geben dir die Agenturen für Arbeit.

Schulische Ausbildung

Diese Ausbildungsart findet hauptsächlich in **staatlichen, anerkannt staatlichen oder privaten Fachschulen bzw. Hochschulen** statt. Private Schulen müssen staatlich anerkannt sein, zumindest die Ausbildung, die du dort absolvierst. Sonst erhältst du keine Förderung.

Hier werden dir zum **größten Teil die theoretischen und praktischen Grundlagen deines Berufes in Form eines Unterrichts** beigebracht. Meistens gehören Praktika zu deiner Ausbildung, welche aber nie länger als ein Semester pro Ausbildungsjahr sind.

Diese Ausbildungsart wird durch **BAföG** gefördert. BAföG kannst du bei dem BAföG- Amt deines Landkreises beantragen. Dabei spielt es eine entscheidende Rolle, wo du mit deinem Erstwohnsitz gemeldet bist. Wohnst du also beispielsweise in Berlin, studierst aber in Stuttgart, dann ist das für dich zuständige BAföG- Amt in Berlin.

Bei dieser Ausbildung bekommst du entweder eine **Immatrikulationsbescheinigung oder eine Bescheinigung über den Besuch einer Fachschule.** Einen Lehrvertrag erhältst du nur bei einer beruflichen Ausbildung. Mehr Informationen kannst du in den Büchern „BAföG aktuell" und „Bildungs-, Studienkredite & Co.".

Die berufliche Ausbildung

Die **betriebliche oder berufliche Ausbildung** erfolgt in der Regel innerhalb von **zwei bis drei Jahren Lehrzeit** in einem **Betrieb**. Hier erhältst du **eine praxisbezogene Ausbildung in deinem Beruf und du bekommst ein Lehrgeld als Vergütung.**

Außerdem kannst du noch erhalten:

> ➢ **Bewerbungs- und Umzugskosten**
> ➢ **Reisekostenerstattung**
> ➢ **Berufsausbildungsbeihilfe (BAB)**
> ➢ **Bildungsgutschein**
> ➢ **Zuschuss zur Grundsicherung für Arbeitssuchende (SGB II)**
> ➢ **Mobilitätshilfen**
> ➢ **Förderungen und Stipendien durch private wie offizielle Stiftungen und Träger**
> ➢ **Ausbildung begleitende Hilfe**

Das sieht doch schon mal nicht schlecht aus. Doch bevor wir uns den finanziellen Förderungen zuwenden, lass uns doch mal ansehen, wo und wie du deinen Traumberuf findest.

Was in einem **Lehrvertrag stehen** muss, welche **Pflichten und vor allem auch Rechte du als Lehrling** hast und in welcher **Höhe dir Lehrgeld** zusteht, erklären wir dir in den folgenden Kapiteln.

Ganz wichtig dürfte auch die Frage sein, wer für dich und deine **Probleme allgemein zuständig** ist. Auch diese Frage werden wir dir beantworten.

Denn das musst du <u>alles vorher abgeklärt</u> haben, ehe du die Förderungen beantragen kannst.

Tipp: Hast du zum Ende deiner Schulzeit noch **keine Lehrstelle** gefunden, musst du dich umgehend beim Arbeitsamt als **Ausbildungssuchende/r** melden, sonst geht dir dein **Kindergeld** verloren.

Tipp: **Hebe dir jede Ablehnung zu deinen Bewerbungen** auf, du benötigst sie als **Nachweis für die Familienkasse** (Kindergeld), dass du dich um eine Ausbildung bemühst.

Wo finde ich meinen Traumberuf

Ganz einfach. Du solltest bei deiner **Agentur für Arbeit** erst einmal als **Ausbildungssuchende/r** gemeldet sein.

So kannst du eine **kostenlose Beratung** zu deinen Berufswunsch bekommen sowie eine Unterstützung zu deinen **Bewerbungskosten** bis zu einer Höhe von 250 Euro. Die erhältst du aber nicht im Vorfeld erstattet, sondern musst die Quittungen vorlegen und dann erst erhältst du die **Bewerbungshilfe** von deinem Sachbearbeiter. Dazu musst du bei den meisten Agenturen für Arbeit **kein Formular** ausfüllen. Es reicht, wenn du deinen Sachbearbeiter darauf gleich bei deinem ersten Besuch ansprichst.

Weiter können dir die **Reisekosten durch die Agentur für Arbeit** erstattet werden, welche dir bei der Lehrstellensuche entstehen. Das bedeutet aber nicht, dass du nun erster Klasse zu deinem Bewerbungsgespräch fahren kannst. Vielmehr gibt es einen bestimmten Betrag, der dir erstattet wird (Kilometerpauschale beim PKW) oder du musst das Ticket vorlegen (Fahrkarte etc.). Dabei bist du verpflichtet, **alle Ermäßigungen in Anspruch** zu nehmen. Maximal kannst du **130 Euro pro Fahrt** erhalten.
Hier kannst du **folgende Fahrten** abrechnen:

> ➢ **Fahrten zum Vorstellungsgespräch**
> ➢ **Fahrten zur Berufsberatung**
> ➢ **Fahrten zur Vermittlung**

> **Fahrten zur Eignungsfeststellung (Psychologentest der Agentur)**

Dazu solltest du dir eine **Art Fahrtenbuch** anlegen. Eine Kladde oder ein einfaches Heft reichen. Da trägst du die Fahrten (bei PKW die Kilometer hin und zurück – **Erstattung 20 Cent pro km** bzw. klebst die Fahrkarten und Übernachtungskosten ein). Dazu schreibst du das Datum, die Uhrzeiten und wo du übernachtet hast, auf. Hefte auch die Belege für die Übernachtung ab.

Auch das hat seinen Grund. Bei **mehrtägigen Fahrten** kannst du **zusätzlich** ein **Tagesgeld von 16 Euro**, die so genannte **Verpflegungspauschale** erhalten. Bist du den halben Tag abwesend von zu Hause erhältst du **8 Euro** (beispielsweise beim An- und Abfahrtstag). Solche Fahrten können vorkommen, wenn du an einem Tag einen Test, am zweiten Tag das Vorstellungsgespräch hast und am dritten Tag das Abschlussgespräch stattfindet. Es wird dir aber nicht mehr als **136 Euro im Monat** erstattet.

Entstehen dir **Übernachtungskosten**, dann werden diese bis zu **16 Euro** pro Nacht berücksichtigt. Ist darin das Frühstück enthalten, dann werden dir 5 Euro abgezogen.

Tipp: Rede mit dem Pensionswirt, denn dem ist es meisten egal, ob er die **Frühstückskosten** nicht **extra aufführen** kann. Ein kleines Rechenbeispiel: In der Regel kostet dich eine

Übernachtung mindestens 30 Euro. Davon werden dir nur 16 Euro erstattet. Steht jetzt auf deiner Quittung inklusive Frühstück, werden dir von diesen 16 Euro noch 5 Euro abgezogen und du erhältst grade mal 11 Euro erstattet.

Willst du nicht alles deinem Sachbearbeiter überlassen, was deine Lehrstellensuche betrifft, dann gibt es im **Internet** sowie im **BIZ** (Berufsinformationszentrum) Möglichkeiten, selbst nach einer Lehrstelle zu suchen.

Unser Tipp ist eindeutig, dass du dich selbst darum kümmern solltest, denn es ist durchaus im Bereich des Wahrscheinlichen, dass du eine Stellenempfehlung als Bestatter/in bekommst, obwohl du Kosmetiker/in werden willst.

Deshalb unsere dringende Empfehlung: suche dir selbst deine Lehrstelle. Wer weiß, was du sonst bekommst.

Wir werden dir jetzt einige der **besten Möglichkeiten zur Ausbildungssuche** vorstellen:

> ➢ **Jobbörse von der Agentur für Arbeit**, dieses Portal für die Ausbildungssuche kannst du im Internet unter **http://jobboerse.arbeitsagentur.de** abrufen. Hier geben alle Firmen bundesweit ihre freien Ausbildungsplätze bekannt.

13

Einziger Nachteil, die Aktualisierung hinkt immer etwas hinterher.

> **Berufsinformationszentrum auch BIZ genannt,** stellt jedem Ausbildungssuchenden eine hauseigene Internetplattform zu Verfügung. Wo dein nächstgelegenes BIZ ist, kannst du in der Agentur für Arbeit erfragen.

> Auf **www.lehrstellenfuchs.de** findest du alles rund um die Ausbildung.

> Bist du noch in deiner Entscheidungs-Findungsphase, dann könnte dir diese Seite weiterhelfen: **www.interesse-beruf.de**. Wir fanden diese Seite sehr empfehlenswert, da hier eines der besten Systeme aus der Arbeitspsychologie verwendet wird. Dabei wird auf deine Neigungen und Hobbys eingegangen, so dass ein individuelles Profil entsteht.

> **http://www.jugendnetz.de/direct/www.qual ipass.info/kompetenz/content/job.php** bietet dir Informationen rund um die Ausbildung zusammen mit einer ausgezeichneten Jobsuche

> der **Jobatlas** der Süddeutschen Zeitung ist auch etwas für dich, wenn du eine Ausbildung bundesweit suchst. Du findest den Jobatlas unter

http://www.sueddeutsche.de/app/jobkarrie re/jobatlas/index.html

➢ auf **www.ausbildungsplus.de** kannst du dich über Ausbildungsangebote sowie duale Studiengänge informieren. Auch hier handelt es sich um eine ständig aktualisierte Internetplattform rund um die Ausbildung.

➢ Daneben wären noch die **regionalen Medien** zu nennen. Das beschränkt sich mittlerweile nicht mehr allein auf die **Tageszeitungen**, sondern auch **Radiosender** wie FFN aus Niedersachsen haben ein ständiges Angebot von Ausbildungsplätzen parat.

Berufsvorbereitende Maßnahmen

Manchmal klappt es aus irgendwelchen Gründen nicht gleich mit der Ausbildung. Hat es seine Ursache in deinem Notenspiegel zum Beispiel, dann können die **berufsvorbereitenden Maßnahmen** durchaus eine Alternative sein, um dich besser auf deine Ausbildung vorzubereiten. Viele Tischlereien stellen gern jemanden ein, der beispielsweise das BvJ Holz absolviert hat. Das gibt den Betrieben die Sicherheit, dass du mit grundlegenden Dingen im Bereich Holz vertraut bist und deine Erfahrungen gemacht hast.

Grundvoraussetzung ist hier, dass du bei der Agentur für Arbeit als **Ausbildungssuchender** gemeldet bist. Denn alle Fördermaßnahmen beginnen mit der Berufsberatung. Hier werden deine Stärken und Schwächen festgestellt und dir wird eine geeignete Bildungsstätte in deiner Nähe vermittelt. Hier wirst du gezielt auf deine zukünftige Ausbildung vorbereitet.

Diese **berufsvorbereitenden Maßnahmen** können sein:

> ➢ **Ausbildungsvorbereitende Kurse**, die dir bei schulischen oder sozialen Schwächen angeboten werden und so deine Chancen erhöhen, in deinem Beruf ausgebildet zu werden.

➢ **Ausbildungsbegleitende Hilfen** werden dir zur Seite gestellt, wenn du bereits in der Ausbildung stehst und nun Probleme hast. Damit soll dir ermöglicht werden, dass du dein Ausbildungsziel trotz Schwächen erreichen kannst. Das kann in Form von Förderunterricht oder sozialpädagogischer Begleitung möglich sein.

➢ **Berufsausbildungen in außerbetrieblichen Einrichtungen (BaE)** ist weniger bekannt, doch du solltest direkt bei der IHK oder HWK in deiner Nähe nachfragen, denn diese finanzieren diese Einrichtungen. Hier lernst du die praktischen Tätigkeiten, wie das Verkaufen von Waren oder das Beraten von Kunden, die du in deiner Ausbildung benötigst. Natürlich wird das auch in einem Praktikum zusätzlich mit dir geübt.

➢ Seit 2004 gibt es die so genannten **Einstiegsqualifizierungen**. Das sind 6 bis 12 monatige Praktika in Betrieben, die durch den Staat gefördert werden. Betriebe, die diese Praktika anbieten, erhalten einen Zuschuss zu den Sozialversicherungsbeiträgen (monatlich je 102 Euro) und zu deiner Vergütung (von maximal 192 Euro).

➢ Durch das **berufsvorbereitende Jahr (BVJ)** erhältst du die Möglichkeit deinen Schulabschluss (meistens

Hauptschulabschluss) nachzuholen und du hast die Möglichkeit heraus zu finden, wo deine Fähigkeiten liegen und welcher Beruf zu dir passt. Du erhältst in einer einjährigen Ausbildung die theoretischen wie praktischen Grundlagen in den Bereichen Hauswirtschaft, Metall- oder Holzbearbeitung bzw. Gestaltung zusammen mit einer schulischen Ausbildung vermittelt. Diese Maßnahme ist vor allem für Abgänger von Förderschulen oder ohne Hauptschulabschluss geeignet.

➢ Das **Berufsgrundbildungsjahr (BGJ)** bietet dir die Möglichkeit, das Grundwissen aus mehreren verwandten Berufen anzueignen. Dies geschieht in einem Jahr und es werden dir die Felder Wirtschaft, Verwaltung, Hauswirtschaft, Ernährung und Elektrotechnik angeboten. Weiter kann dir in manchen Ausbildungen das BGJ auf die **Ausbildungszeit angerechnet** werden. Du hast auch hier die Möglichkeit, deinen **Hauptschul- bzw. Realschulabschluss**, auch den erweiterten Realschulabschluss, erwerben.

Behinderung und Lehrausbildung

Hast du eine körperliche oder geistige Behinderung, so darf das kein Grund für eine Ablehnung deiner Bewerbung sein, wenn du alle Anforderungen für den Ausbildungsplatz erfüllst.

Doch du wirst erstaunt sein. Immer mehr Betriebe stellen Jugendliche mit Behinderungen bevorzugt ein. Das hat einen ganz einfachen Grund.

Es gibt jede **Menge Zuschüsse und Vergünstigungen durch den Staat**, wenn der Betrieb Ausbildungsplätze für Behinderte zur Verfügung stellt. Umfassend informieren kannst du dich bei deinem Integrationsamt, die Kontaktdaten findest du unter www.integrationsaemter.de.

Schauen wir uns das mal genauer an.

Voraussetzung ist natürlich, dass deine Krankheit anerkannt nach dem Schwerbehindertengesetz ist und du einen **Schwerbehindertenausweis bzw. einen Bescheid über den Grad deiner Behinderung** hast. Dies erhältst du vom Amt für Familie und Soziales, bei dem Behindertenbeauftragten. Besitzt du eine Einstufung nach dem Pflegeversicherungsgesetz, also eine **Pflegestufe**, dann reiche diesen Bescheid ein.

Dann solltest du dich bei dem **Reha-Team der Agentur für Arbeit** anmelden. Dort findest du

19

speziell ausgebildete Berater/innen, die dir helfen werden, eine Ausbildung zu finden. Das kann das **Berufsvorbereitungsjahr** sein oder die **Ausbildung in einem Berufsbildungswerk** sein.

Wichtige Förderungen auf einem Blick:

> ➤ **Übernahme von Lehrgangskosten** (zu beantragen bei der Agentur für Arbeit)

> ➤ **Übernahme von Kosten für Lernmittel** (zu beantragen bei der Agentur für Arbeit)

> ➤ **Übernahme von auswärtigen Unterbringungskosten einschließlich Verpflegung** (zu beantragen bei der Agentur für Arbeit)

> ➤ **Übernahme von Reisekosten, die durch die Aufnahme einer Ausbildung entstehen** (zu beantragen bei der Agentur für Arbeit, das gilt auch für Vorstellungstermine)

> ➤ **Übernahme von behindertengerechter Arbeitsausrüstung** (zu beantragen bei der Agentur für Arbeit, gilt auch für besondere Arbeitsmittel, die die Ausbildung erleichtern)

> ➤ **Übernahme der Kosten für eine Haushaltshilfe und die Kinderbetreuung** (zu beantragen bei der Agentur für Arbeit)

> **Übernahme der Kosten für Kranken- und Pflegeversicherungsbeiträgen** (zu beantragen bei der Agentur für Arbeit)

> **Kraftfahrzeughilfen, das können sein: Leistungen zur Beschaffung eines KFZs, für eine behindertenbedingt Zusatzausstattung bzw. zur Erlangung der Fahrerlaubnis** (zu beantragen bei dem Sozialamt)

> **Kosten für nichtorthopädische Hilfsmittel und technische Arbeitshilfen** (zu beantragen bei dem Sozialamt)

> **Ausbildungszuschüsse, Ausbildungsgeld (§ 104 SGB III)** (zu beantragen bei der Agentur für Arbeit durch den Ausbildungsbetrieb)

> **Zuschüsse zur Ausbildungsvergütung (§ 235a SGB II)** (zu beantragen bei der Agentur für Arbeit durch den Ausbildungsbetrieb) hier können die Zuschüsse **60 bis 100%** des Lehrlingsgeldes betragen

> **Zuschüsse für Arbeitshilfen im Betrieb** (zu beantragen bei der Agentur für Arbeit durch den Ausbildungsbetrieb)

> **Zuschüsse zu den Prüfungsgebühren** (zu beantragen bei dem Integrationsamt)

21

- ➢ **Prämie für die Einstellung und Ausbildung von behinderten Jugendlichen jährlich bis zu 2000 Euro pro Platz** (zu beantragen durch den Ausbildungsbetrieb bei dem zuständigen Integrationsamt)

- ➢ **Wer einen schwerbehinderten Jugendlichen ausbildet, kann sich diesen Ausbildungsplatz auf bis zu 3 Pflichtplätze anrechnen lassen** (zu beantragen bei der Agentur für Arbeit durch den Ausbildungsbetrieb) (§§ 74 und 76 SGB IX)

- ➢ **Förderung und Zuschüsse bei der Schaffung von Ausbildungsplätze für behinderte Jugendliche** (zu beantragen bei dem Sozialamt und der Agentur für Arbeit, bundeslandabhängig das Integrationsamt durch den Ausbildungsbetrieb)

- ➢ **Behindertengerechte Einrichtung des Ausbildungsplatz** (zu beantragen bei der Agentur für Arbeit und dem Sozialamt sowie dem Integrationsamt durch den Ausbildungsbetrieb)

- ➢ Du kannst die **Grundsicherung nach § 22 Abs. 7 SGB II** bei der Agentur für Arbeit oder dem Sozialamt beantragen. Das bietet sich an, wenn die Kosten für Unterkunft und Heizung nicht durch das BAB gedeckt sind.

Deine Rechte als behinderte/r Auszubildende/r

Natürlich hast du als behinderte/r Ausbildende/r besondere Rechte, die gesetzlich fest geschrieben sind.

Wir geben dir einen kurzen **Überblick über deine Rechte:**

> ➢ Abweichend von den Ausbildungsordnungen sind **besondere Ausbildungsregelungen** für behinderte Auszubildende auf deinen Antrag hin möglich (§ 66 Abs.1 BBiG und § 42m HwO). Zum Beispiel, wenn du mehr Pausen benötigst oder erleichterte Arbeitsbedingungen.

> ➢ Du hast als behinderter Auszubildender einen **besonderen Kündigungsschutz** (§§ 85 ff. SGB IX).

> ➢ Dir dürfen nur **Aufgaben übertragen** werden, die u.a. **ihren körperlichen Kräften angemessen sind** (§ 14 Abs. 2 BBiG).

> ➢ Du kannst erwarten, dass die IHK oder HWK **deine besonderen Verhältnisse als behinderter Menschen berücksichtigen** (§ 65 Abs. 1 BBiG und § 42 HwO). Dies gilt insbesondere für die **zeitliche und sachliche Gliederung der Ausbildung**, die **Dauer von Prüfungszeiten**, die **Zulassung**

23

von Hilfsmitteln und die
Inanspruchnahme von Hilfeleistungen
Dritter wie Gebärdensprachdolmetscher für
hörgeschädigte Menschen.

Tipp: **Lernbehinderungen** zählen mittlerweile
ebenfalls zu den Schwerbehinderungen. Das
heißt, Legasthenie sowie
Konzentrationsstörungen (ADHS
beispielsweise) usw. gehören mittlerweile
auch dazu. Dafür musst du dich nicht
schämen. Legasthenie gehört zu vererbbaren
Krankheiten und wurde erst in den letzten
Jahren zunehmend bekannter.

Tipp: Möchtest du eine bestimmte Ausbildung
ergreifen und du hast einen Betrieb
gefunden, der aber **keine**
Ausbildungsplätze für behinderte
Jugendliche anbietet, dann ist es nur eine
Frage der Argumente, die für die Schaffung
eines solchen Ausbildungsplatzes sprechen.
Also sei schlau und **kopiere diese Seiten**
und lege sie deiner Bewerbung als
Anhang bei.

Tipp: Es kann sein, dass du erst einmal keinen
Ausbildungsplatz findest oder du bist dir nicht
sicher, welche Ausbildung für dich geeignet
ist. Dann ist eine **Alternative** für dich ein
Lehrgang zur Berufsfindung/
Arbeitserprobung. Diesen Lehrgang kannst
du bei deinem Berufsberater erfragen.

Der Lehrvertrag (Ausbildungsvertrag)

Hast du endlich eine Lehrstelle gefunden und man hat dich angenommen, dann kommt die nächste Hürde auf dich zu: dein **Lehr- bzw. Ausbildungsvertrag**.

In den meisten Fällen wird ein <u>standardisierter Lehrvertrag der IHK oder Handwerkskammer</u> verwendet. Solltest du dringende <u>Fragen</u> zu deinem Lehrvertragen haben, dann rufe bei der für dich zuständigen Handwerkskammer oder IHK an. Diese findest du in deinem Lehrvertrag ganz oben.

Und nun schauen wir uns mal so einen Standardvertrag an. Erst einmal regelt der Ausbildungsvertrag die **grundlegenden Dinge** der Ausbildung. Deshalb muss er auch vor Beginn der Lehre **von beiden Seiten unterschrieben** sein. Bist du minderjährig, also unter 18 Jahre, dann müssen deine Eltern auch unterschreiben.

Jeder Ausbildungsvertrag kann anders aussehen, aber **folgende Fakten** müssen darin stehen:

➢ **Art der Berufsausbildung** - also in welchem Beruf du ausgebildet wirst

➢ **Beginn und Dauer der Ausbildung** – wann beginnt und endet deine Ausbildung

➤ **Ausbildungsmaßnahmen außerhalb der Ausbildungsstätte** – hier wird festgelegt, an welchen Veranstaltungen du außerhalb deines Lehrbetriebes du teilnehmen musst, das kann die Berufsschule sein, sowie bei einer **dualen Ausbildung** ein anderer Ausbildungsbetrieb (in der dualen Ausbildungen kann dein Betrieb dich nicht in allem ausbilden, deshalb wird er dich für bestimmte Ausbildungsabschnitte in einen anderen Betrieb schicken).

➤ **Dauer der regelmäßigen täglichen Ausbildung** – damit ist deine tägliche Arbeitszeit gemeint, sie muss von beispielsweise 7.30 Uhr bis 15.30 Uhr angegeben sein

➤ **Länge der Probezeit** – diese darf mindestens einen Monat, maximal vier Monate betragen

➤ **Zahlung und Höhe der Ausbildungsvergütung** – hier geht es um dein Lehrlingsgeld, wann es dir ausgezahlt wird und in welcher Höhe. Außerdem muss dein Lehrlingsgehalt jährlich ansteigen. Der Anstieg ist meistens tariflich festgelegt und hängt von deinen erworbenen Fertigkeiten ab.

➤ **Dauer des Urlaubs** – niemand erwartet von dir, dass du ununterbrochen arbeitest.

26

Natürlich hast du Anspruch auf Urlaub. Wie viel Tage dir im Jahr zustehen, wird hier fest geschrieben. Nur muss dieser Urlaub in den Ferien der Berufsschule liegen.

➤ **Kündigungsgründe und – fristen** – es kann ja sein, du merkst irgendwann, dass dir diese Ausbildung nun doch nicht liegt, dann kannst du hier nachlesen, unter welchen Umständen und zu welchen Fristen du kündigen kannst.

➤ **Andere für das Ausbildungsverhältnis wirksame Verträge** – das können Betriebs- oder Tarifverträge sein, falls sie deinen Ausbildungsvertrag betreffen.

Tipp: Aufgepasst! Dein Vertrag darf **keine Vereinbarungen enthalten**, die dich später in der Ausübung deines Berufes einschränken. Das kann sein, wenn du zum Beispiel nicht für das Konkurrenz- unternehmen arbeiten sollst. Die Ausnahme ist hier, wenn du dich bereits ein halbes Jahr vor Ende deiner Lehre dazu entschließt, in deinem Ausbildungsbetrieb weiter zu arbeiten.

Tipp: Auch darf dein Vertrag dich nicht zu irgendwelchen **Entschädigungen** für deine Ausbildung verpflichten.

Tipp: **Strafen**, falls du den Vertrag nicht erfüllst, **wie Schadensersatzansprüche** sind ebenfalls unzulässig.

Den **unterschriebenen Vertrag** bekommst du in Kopie für deine Unterlagen mit nach Hause. Eine weitere Kopie deines Ausbildungsvertrages muss an die IHK oder die Handwerkskammer gesandt werden. Das Original verbleibt in deinem Ausbildungsbetrieb.

Deine Rechten und Pflichten als Auszubildende/r

Nun werden wir uns mal ansehen, was für Pflichten und Rechten dir und deinem Ausbildungsbetrieb daraus entstehen.

Vieles, was wir dir jetzt erklären, mag für dich selbstverständlich sein, doch das Gesetz legt alles ganz genau fest.

Hier eine kleine, übersichtliche Liste für dich:

> **Bemühen:** Null Bock gibt es nicht- du musst dich als Lehrling stets bemühen, das Ausbildungsziel zu erreichen, also deinen Berufsabschluss. Dazu gehört, dass du alle Kenntnisse und Fertigkeiten deines Berufs erwirbst.

> **Gehorchen:** das bedeutet, du musst den Anweisungen deines Ausbilders Folge leisten und die Arbeiten nach deren Vorgaben ausführen. Das heißt auch, dass du die Vorschriften beachten musst, wie zum Beispiel Schutzkleidung anzulegen oder bestimmte Räume nicht zu betreten.

> **Teilnehmen:** du hast die Pflicht an bestimmten Ausbildungsmaßnahmen teilzunehmen, wie die Berufsschule oder

Weiterbildungen. Dafür bekommst du von deinem Ausbilder auch frei.

➤ **Sorgsam umgehen:** Mit den Arbeitsmaterialien wie Werkzeug und Maschinen musst du pfleglich umgehen.

➤ **Stillschweigen bewahren:** zwangsläufig wirst du Geschäfts- oder Betriebsgeheimnisse erfahren, darüber musst du schweigen.

➤ **An Vereinbarungen halten:** In manchen Ausbildungen wird gefordert, dass du ein Berichtsheft führst. Das musst du auch tun, dein Ausbilder wird dir das Material und die Zeit dafür zur Verfügung stellen.

➤ **Benachrichtigen:** Wirst du krank oder fehlst du aus anderen Gründen bei der betrieblichen Ausbildung oder in der Berufsschule, dann musst du das **unverzüglich** deinem Ausbilder mit der Dauer deines Fernbleibens mitteilen. Solltest du länger als drei Tage krank sein, musst du innerhalb eines Tages deinen Krankenschein vorlegen. Das kannst du persönlich, per Fax oder mit der Post.

Tipp: Führe dieses **Berichtsheft** unbedingt regelmäßig. Es ist dein Nachweis und gilt als **Zulassungsvoraussetzung für deine Abschlussprüfung.**

Und nun was du **nicht tun** musst:

➤ **Tätigkeiten, die nichts mit deiner Ausbildung zu tun haben.**

➤ Verboten sind zum Beispiel **Fließband- oder Akkordarbeiten**

➤ Du musst nicht für jemanden **einspringen, der grade fehlt und dessen Arbeit nichts mit deiner Ausbildung zu tun** hat, wie zum Beispiel die Putzfrau vertreten oder den Boten spielen.

➤ Du brauchst **für deinen Ausbilder auch keine private Besorgungen tätigen** wie einkaufen gehen oder dessen Kinder zu beaufsichtigen.

Tipp: Falls du deine **Ausbildung abbrechen** willst oder musst, dann musst du **schriftlich kündigen.** Einfach nicht mehr hingehen, geht nicht. In der Probezeit geht das von heute auf morgen und ohne Angaben von Gründen. Danach musst du Gründe angeben und es gilt die gesetzliche Kündigungsfrist.

Tipp: Bist du minderjährig, so musst **du keine Nachtschicht übernehmen.**

Tipp: Dein **Lehrlingsgehalt** richtet sich in der Regel nach der in der Branche üblichen Tarifvertrag. Dabei darf die übliche

Vergütung für Lehrlinge nicht um 20 % unterschritten werden. Weiter steigert sich dein Lehrlingsgehalt von Jahr zu Jahr. Dabei sollten alle Lehrlinge eines Betriebes den gleichen Lohn erhalten, unabhängig vom Ausbildungsberuf. Auskünfte über die übliche Ausbildungsvergütung erhältst du unter dem **Tarifregister** deines jeweiligen Bundeslandes. Gib einfach „Tarifregister" in Google ein.

Tipp: Wirst du vor einer **Prüfung krank,** dann musst du rechtzeitig Bescheid sagen und ein ärztliches Attest bei der IHK oder HWK vorlegen. In diesem Fall gilt die Prüfung als nicht abgelegt und du hast die uneingeschränkte Möglichkeit, an der Prüfung teilzunehmen und eine eventuell nicht bestandene Prüfung zweimal zu wiederholen.

Tipp: Bist du **behindert,** so ist dieser Umstand durch den Ausbildungsbetrieb **besonders zu berücksichtigen in Form von Hilfsmitteln, Dauer der Prüfungszeiten oder Hinzuziehen eines Dritten wie einen Gebärdendolmetschers.** Dein Lehrvertrag muss deinen individuellen Bedürfnissen als Behinderte/r angepasst werden.

Tipp: Wirst du während deiner Probezeit zum Beispiel 6 Wochen lang krank und deine Probezeit beträgt 3 Monate, dann überschreitet deine Abwesenheit mehr als ein **Drittel deiner Probezeit** und so **verlängert sich die Probezeit** um die Dauer deiner Krankheitstage.

Tipp: **Bestehst du deine Abschlussprüfung nicht,** so kannst du deinen Ausbildungsvertrag bis zur Wiederholungsprüfung verlängern lassen, höchstens bis zu einem Jahr.

Tipp: Nimmst du als Elternteil die **Elternzeit** in Anspruch, dann verlängert sich die Ausbildung um genau diesen Zeitraum.

Tipp: **Ausführende Arbeiten** müssen deinen **körperlichen Kräften entsprechen.** Du kannst dich also weigern, eine Arbeit auszuführen, wenn du körperlich nicht dazu in der Lage bist.

Tipp: Du kannst über die IHK oder Handwerkskammer deine **Lehrzeit verkürzen** lassen, wenn du das Ausbildungsziel innerhalb dieser verkürzten Zeit erreichen kannst.

Tipp: Brauchst du eine **besondere Arbeitskleidung,** so muss dir diese von deinem Ausbildungsbetrieb zur Verfügung gestellt werden. Das soll dich vor zu hohen Kosten schützen. Also erkundige dich vor dem Unterschreiben des Ausbildungsvertrages, welche Arbeitskleidung gefordert ist und dann lasse dir im Lehrvertrag festschreiben, wann du diese Arbeitskleidung bekommst. Ist es deinem Betrieb nicht möglich, sich um deine Arbeitskleidung zu kümmern, dann kannst du einen entsprechenden Antrag bei der Agentur für Arbeit stellen.

Tipp: Deine **tägliche Arbeitszeit** muss sich im Rahmen des Jugendarbeitsschutzgesetz bewegen. Die Wochenarbeitszeit (5 Tage) ist begrenzt auf 40 Stunden. Auch deine Pausen sind hier gesetzlich geregelt. Bei einer täglichen Arbeitszeit von 4,5 bis 6 Stunden steht dir eine Pause von 30 Minuten zu. Arbeitest du mehr als 6 Stunden am Tag stehen dir 60 Minuten Pause zu. Dabei muss die erste Pause spätestens nach 4,5 Stunden eingelegt werden und mindestens 15 Minuten betragen.

Tipp: Dein **Urlaub** ist ebenfalls gesetzlich und nach deinem Alter festgelegt. So hat ein:
  - ➤ 15jähriger Anspruch auf 30 Werkstage
  - ➤ 16jähriger Anspruch auf 27 Werkstage
  - ➤ 17 Jahre hast du Anspruch auf 25 Tage
  - ➤ ab 18 Jahre kannst du 24 Tage als Urlaub beanspruchen

Dieser Urlaub muss dir in der berufsschul-freien Zeit gewährt werden.

Tipp: **Mehrarbeit** ist nur dann zulässig, wenn es sich um einen <u>Ausnahmefall</u> handelt. Ausnahmen sind Notfälle oder wenn kein erwachsener Beschäftigter zur Verfügung steht. Diese Mehrarbeit muss dir innerhalb der 40 Stunden Woche durch freie Zeit außerhalb der Berufsschulzeiten vergütet werden. Das heißt eigentlich nur, arbeitest du mehr, dann darf es nicht mehr als die üblichen 40 Stunden pro Woche sein und du musst nach diesen 40 Stunden spätestens frei bekommen. Und das an Tagen, wo deine Berufsschule nicht stattfindet. Ausnahmen können beispielsweise auch Krankheit in der Belegschaft sein. Ist also die Hälfte deiner Kollegen krank und die Firma hat volle Auftragsbücher, dann kann man dich durchaus zur Mehrarbeit heranziehen. Das bedeutet aber nicht, dass du ohne Ende jetzt Überstunden schieben musst. Du darfst maximal 40 Stunden in der Woche arbeiten. Danach steht dir Freizeit zu.

Tipp: Ähnlich verhält es sich mit den **Feiertagen.** Fällt beispielsweise ein Feiertag auf einen Werktag, so darf dieser dir nicht auf andere Werktage angerechnet werden. Für Sonn- und Feiertage gilt ein grundsätzliches **Beschäftigungsverbot**. Ausnahmen sind hier nur im Einzelhandel und in der Gastronomie zulässig. Musst du an einem Sonn- oder Feiertag arbeiten, dann ist dir eine Freistellung gemäß der Fünftagewoche zu gewähren. Dieser freie Tag darf <u>nicht</u> an einem Berufsschultag sein. Außerdem darfst du am 24. und 31. Dezember nach 14 Uhr nicht mehr beschäftigt werden. Auch sind unbedingt der 1. Weihnachts- und Osterfeiertag sowie der 1. Mai und der 1. Januar frei zu halten.

Wegen diesem Jugendschutzgesetz werden zunehmend und bevorzugt nur noch Jugendliche von über 18 Jahre eingestellt. Denn <u>dieses Gesetz gilt nur für Jugendliche unter 18 Jahre</u>. Unsere letzten drei Tipps bezogen sich auf eben dieses Gesetz.

Tipp: Du brauchst dir aber es nicht gefallen lassen, wenn du über 18 Jahre alt bist und dein Ausbilder sich nicht an deinen Lehrvertrag hält. In der Regel werden die im **Jugendschutzgesetz festgelegten Dinge auch im Lehrvertrag** angewendet. Wenn du der Meinung bist, dass du zuviel arbeitest und zu wenig Freizeit hast, dann wende dich an die Personalabteilung in deiner Firma oder an die zuständige Handwerkskammer **(HWK) oder IHK**. Dort wird man dir bei der/m **Ausbildungsberater/in** weiterhelfen. Diese beraten dich und werden dir weiterhelfen oder vermitteln, falls dein Betrieb sich nicht ganz korrekt verhalten hat.

Rechte und Pflichten des auszubildenden Betriebes

Zunächst muss erst einmal der Ausbilder die **nötigen fachlichen und persönlichen Qualifikationen** haben, um überhaupt ausbilden zu können. Weiter ist dein Ausbilder verpflichtet:

> ➤ dafür zu sorgen, dass du **alle notwendigen Fertigkeiten und Kenntnisse vermittelt** bekommst, die du zum Erreichen deines Ausbildungsabschlusses benötigst.

> ➤ Dir müssen die **Werkzeuge und Werkstoffe** kostenlos zur Verfügung gestellt werden, sowie die **vorgeschriebenen Berichtshefte** (welche deine Ausbildungsnachweise sind), **Zeichen- und Schreibmaterial und Fach- wie Tabellenbücher**, wenn du sie für deine Ausbildung brauchst. Besondere Arbeitskleidung sollte dir auch zur Verfügung gestellt werden. Schließlich beziehst du nur ein kleines Lehrlingsgehalt und kannst keine Unsummen an Arbeitskleidung ausgeben.

> ➤ Du musst die **Zeit** haben, deine **Berichtshefte zu schreiben**. Diese Zeit muss dir dein Ausbilder zur Verfügung stellen.

> ➤ Dein Ausbilder muss dich von der **Arbeit frei stellen, wenn du zur Berufsschule oder**

Prüfungen, usw. gehen musst. Diese Zeit musst du nicht nacharbeiten.

➤ Dein Ausbildungsbetrieb muss dir ein **Gehalt** stellen, welches jährlich ansteigt und zum **letzten Arbeitstag des Monats** an dich gezahlt werden muss. Die Ausbildungsvergütung und deren jährliche Höhe kannst du in deinem Lehrvertrag nachlesen.

➤ Weiter muss darauf geachtet werden, dass du **nur Anweisungen** erhältst, die deinem **Können, dem Ausbildungszweck und deinen körperlichen Kräften** entsprechen. Das heißt also, wenn du im Bereich Umzug deinen Beruf erlernst, dann kannst du nicht bei 60 kg Körpergewicht eine Couch von 70 kg alleine transportieren. Oder du lernst Köchin und man weist dich an, eine elektrische Leitung zu reparieren. Das gehört nicht in dein Aufgabengebiet.

➤ Dein Ausbilder hat dich über die **Ordnungs- und Sicherheitsvorschriften in dem Ausbildungsberuf** zu informieren. In jedem Beruf gibt es Sicherheitsvorschrift und demzufolge auch Ordnungsvorschriften, die sehr wichtig sind, denn sie können entweder dein Leben schützen oder sind für die Arbeitsabläufe wichtig.

➢ Während deiner **Probezeit** muss dein Ausbilder **deine Eignung für den Beruf** überprüfen. Dazu gehört es auch, dass dein Ausbilder dir Hinweise gibt, wie du eventuelle Mängel beheben kannst.

➢ Am Ende deiner Ausbildung muss dein Ausbildungsbetrieb dir ein Zeugnis (**Ausbildungszeugnis**) ausstellen. Hier gehören Angaben über Art, Dauer, Ziel sowie erworbene Kenntnisse und Fertigkeiten wie Leistungen in deiner Ausbildung hinein. Wenn du es wünschst, können Einzelheiten deiner Ausbildung mit in dieses Zeugnis aufgenommen werden. Du musst das nur deinem Ausbilder mitteilen.

Tipp: **Achtung!** Du musst eine Beurteilung, die dir nicht gefällt, nicht hinnehmen. Gib das Zeugnis zurück und sage, was daran nicht stimmt. Es muss dann geändert werden, man darf dir **keine schlechte Beurteilung** geben.

Teilzeitausbildung – eine interessante Möglichkeit

Relativ unbekannt ist die Möglichkeit einer **Teilzeitausbildung statt eines Abbruchs der Ausbildung.**

Darauf muss dich dein <u>Ausbilder hinweisen</u>, wenn sich bei dir Gründe einstellen, die sonst einen **Abbruch der Ausbildung** zur Folge haben.

Bist du auf <u>Grund von individuellen und persönlichen Umständen</u> nicht in der Lage, <u>ganztägig deiner Ausbildung nachzugehen</u>, so gibt es die **Möglichkeit der Teilzeitausbildung.**

Das kann zum Beispiel:

> ➢ **wegen Schwangerschaft**

> ➢ **oder Versorgung deines eigenen Kindes,** das gilt hier für **beide Elternteile**

> ➢ **bzw. wegen der Pflege eines nahen Angehörigen** so sein.

Dazu musst du einen **Antrag auf Verkürzung der täglichen oder wöchentlichen Arbeitzeit** stellen.

Am besten ist es, wenn der Antrag von deinem Ausbilder mitunterschrieben ist. Wird der Antrag nämlich von **dir und dem Ausbilder** gestellt, dann ist deine Aussicht auf Genehmigung 100 Prozent. Zu stellen ist der Antrag bei der **IHK oder HWK**.

Du hast **zwei Möglichkeiten** der Teilzeitausbildung:

> ➤ So wird entweder die Ausbildung in der regulären Zeit abgeschlossen. Es findet also eine **Verkürzung deiner Lehrzeit** statt. Dabei wird dir auf deinen Antrag hin eine **mindestens Wochenstundenzahl von 25 Stunden** gewährt. Dabei ist der Berufsschulunterricht eingeschlossen. Wie du das dann aufteilst, musst du mit deinem Betrieb ausmachen. Die <u>Ausbildungsdauer verändert sich nicht</u>.

> ➤ oder du stellst mit diesem Antrag gleichzeitig einen Antrag auf **Verlängerung der Ausbildung**. Die **Verlängerung** der Ausbildungsdauer kann dir bis **zu einem Jahr** gewährt werden. Im Übrigen ist die Vereinbarung dann nicht anders als bei der ersten Möglichkeit. Nur liegt hier deine **wöchentliche Arbeitszeit bei maximal 20 Stunden**, wobei die Aufteilung individuell gestaltet werden kann und der Berufsschulunterricht in diesen 20 Stunden eingebunden ist.

Damit verbunden ist aber auch eine **Reduzierung deiner Vergütung**. Das heißt, dein Lehrlingsgehalt reduziert sich entsprechend der reduzierten Stundenzahl. Du kannst aber **Leistungen der**

Agentur für Arbeit, Wohngeld, den Kinderzuschlag oder Berufsausbildungsbeihilfe (BAB) beantragen.

Pflegst du einen nahen Angehörigen, dann solltest du durch Pflegestationen die Möglichkeit von **Pflegegeld** überprüfen lassen. Pflegegeld hat den Vorteil, dass es nicht als Einkommen gilt und du kannst noch andere zusätzliche Leistungen beantragen wie Wohngeld, Sozialleistungen, usw.

Eine Teilzeitausbildung ist eine **weitaus bessere Alternative zum Abbruch einer Ausbildung** und sollte deshalb unbedingt von dir erwogen werden, denn Ausbildungsplätze sind heiß begehrt in Deutschland.

Sollte dein Betrieb nicht grade begeistert sein, weil er diese Möglichkeit nicht kennt, dann hier ein paar **gute Argumente für die Teilzeitausbildung aus der Sicht des ausbildenden Betriebs**:

> ➢ in dich wurde schon **jede Menge Geld und Zeit investiert** durch deinen Betrieb. Unter wirtschaftlichen Gesichtspunkten ist doch dann eine Verkürzung deiner Arbeitszeit eher eine **Alternative**, als dein Abbruch der Lehre und sämtliche entstandene Kosten können in den Wind geblasen werden. **Bereits geleistete Investitionen sind nicht umsonst gewesen.**

➢ Ein weiterer wirtschaftlicher Aspekt ist die **Verringerung deines Lehrlingsgehalts.**

➢ Somit wird die **finanzielle Belastung** für deinen Betrieb weniger.

➢ Du kannst **individuell** eingesetzt werden. Das heißt für deinen Ausbildungsbetrieb, dass er dich zu besonders stark belasteten Zeiten einsetzen kann. Was nur bedeutet, du wirst **entsprechend der Betriebsstruktur** eingesetzt.

➢ Verlängerst du gleichzeitig um ein Jahr, bist du **länger und umfangreicher einzusetzen** in deinem Betrieb

➢ **Andere Betriebe,** die dieses Modell der Ausbildung für sich entdeckt haben, **bestätigen eine erhöhte Motivation und Zuverlässigkeit bei den Auszubildenden.**

➢ Soziales Verhalten wird zwar immer groß geschrieben, hat aber in den letzten Jahren stark abgenommen Nun sind die **sozialen Aspekte** wieder im Kommen. Also sei nicht dumm, und nutze das für deine Argumentation. Dir in einer Notsituation mit der Verkürzung der Arbeitszeit zu helfen, zeigt von dem sozialen Gewissen deines Betriebes und erhöht deine Motivation zu deiner Ausbildung.

Aufgepasst! Der Berufsschulunterricht muss weiter in seiner vollen Stundenanzahl von dir geleistet werden. Weitere Informationen findest du **unter www.teilzeit-ausbildung.de**.

Schwanger in der Ausbildung – was nun?

Ein Kind zu bekommen, sollte heute eigentlich eine geplante Sache und ein Grund zur Freude sein. Leider funktioniert das nicht immer so. Wirst du in der Ausbildung schwanger, dann fragst du dich erst einmal, wie es weitergehen soll.

Keine Bange, heute stehen dir jede Menge Hilfen zur Verfügung und du musst keinen Abbruch der Schwangerschaft oder der Ausbildung in Erwägung ziehen, wenn du es nicht willst. Eigentlich ist alles nur eine Sache der guten weiteren Planung.

So greift bei dir als Auszubildende sofort das **Mutterschaftsgesetz**, das heißt, dir darf wegen der Schwangerschaft nicht gekündigt werden. Jedoch <u>endet dein Ausbildungsverhältnis trotzdem mit der bestandenen Abschlussprüfung</u>.

Kannst du absehen, dass du vorrausichtlich dein Ausbildungsziel durch die Schwangerschaft nicht erreichen kannst, dann ist der vorherige Abschnitt über die **Teilzeitausbildung** sicher interessant für dich.

Weiter hast du auf folgende Dinge Anspruch:

> ➢ **Nachtschichten** oder **Mehrarbeit** sowie **Sonntagsarbeit** sind für dich tabu und verboten.

- ➤ **Anspruch auf bezahlte Freistellung** von der Arbeit für deine Untersuchungstermine
- ➤ **Beschäftigungsverbot für 6 Wochen vor der Entbindung und 8 Wochen danach.** Bei Früh- oder Mehrlingsgeburten erhöhen sich die 8 Wochen auf 12 Wochen nach der Entbindung. Bei einer Frühgeburt verlängert sich diese 12 Wochen noch um den Zeitraum, den du vor der Geburt nicht Anspruch nehmen konntest. Angenommen dein Kind kommt vier Wochen vor dem errechneten Termin und ist eine Frühgeburt, dann konntest du nur 2 Wochen von den 6 Wochen wahrnehmen. Die restlichen 4 Wochen werden zu den 12 Wochen nach der Entbindung gerechnet. Du hast demnach einen **Mutterschaftsurlaub** von 16 Wochen. **Aufgepasst!!** Du darfst während dieser Zeit auch **nicht an Prüfungen teilnehmen**. Fühlst du dich aber dazu in der Lage, dann stelle einen **Antrag auf Zulassung zu den Prüfungen** bei der IHK oder der HWK. In der Regel wird man dir entgegen kommen und dich zu den Prüfungen zulassen.

- ➤ Es gibt den so genannten **Schutz am Arbeitsplatz**. Damit sind dein körperlicher Schutz und der deines ungeborenen Kindes gemeint. So darfst du unter anderem keine Arbeiten ausführen, bei welchen du dich:

- Oft strecken, hocken oder bücken musst,

- Geräte oder Maschinen mit den Füßen bedienen musst,

- Arbeiten ausführst, die dich mit Strahlen, Dämpfen, Gas, Staub, Hitze, Kälte, Nässe, Erschütterungen und Lärm ausgesetzt bist,

- Nach dem 5. Monat darfst du nicht mehr als 4 Stunden täglich stehen.

- Und du darfst für keine Akkord- oder Fließbandarbeit mehr eingesetzt werden.

➢ Wie wir dir bereits sagten, hast du **während der Schwangerschaft und im Mutterschutzurlaub einen Kündigungsschutz**. Dazu muss dein Ausbilder von deiner Schwangerschaft wissen. Du selbst kannst jeder Zeit kündigen. Dieser Kündigungsschutz hebt aber nicht deinen Ausbildungsvertrag auf, was bedeutet, mit der bestandenen Abschlussprüfung endet dein Arbeitsverhältnis. Es gibt **aber Ausnahmen von dem Kündigungsschutz**:

- Bei der **Stilllegung des Betriebes oder eines Teils des Betriebs** (wie

Insolvenzverfahren), wenn <u>keine</u> <u>Weiterbeschäftigungsmöglichkeit</u> <u>angeboten werden kann.</u>

- **Verlagerung** des Betriebs oder eines Betriebsteils

- Wird dir eine **Weiterbeschäftigung** angeboten und diese ist dir **zumutbar**, und du **lehnst** diese **ab**, dann hebt sich dein Kündigungsschutz auf.

- Wenn du eine **Pflichtverletzung** begehst, die deine Kündigung rechtfertigen. Das können zum Beispiel Diebstahl, Beleidigung, Arbeitsverweigerung sein.

- Bei **Gefährdung der Betriebsexistenz** durch Aufrechterhaltung deiner Ausbildung.

- Bist du in einem Kleinbetrieb beschäftigt, kann es sein, dass zur Fortführung des Betriebes dringend eine **qualifizierte Fachkraft** angewiesen ist und diese nur durch die Kündigung einstellen kann.

In allen diesen Fällen der Kündigung muss das Ersuchen deines Betriebes erst durch die oberste Landesbehörde abgesegnet werden.

Ist dein Baby auf der Welt, hast zwei Möglichkeiten nach dem Mutterschutzurlaub.

> Einmal kannst du nach den Mutterschutzwochen die **Elternzeit** in Anspruch nehmen. Das gilt für beide Elternteile, auch wenn ihr nicht verheiratet seid. In diesem Fall verlängert sich automatisch deine Ausbildungszeit um genau die Elternzeit, die du wählst und dein Ausbildungsverhältnis ruht während dieser Zeit.

> Deine andere Möglichkeit ist, dass du nach dem Mutterschaftsurlaub mit deiner Ausbildung weitermachst. Dann hast du eine Reihe Vergünstigungen, über die du Bescheid wissen solltest:

- **Zeiten zum Stillen** und für Arztbesuche sind dir freizustellen, ohne dass du die Zeit nacharbeiten musst.

- Als stillende Mutter ist deine tägliche **Arbeitszeit auf achteinhalb Stunden** begrenzt.

- Als Alleinstehende/ r mit Kind in der Ausbildung musst **du vorrangig einen Krippenplatz** erhalten. Die Kosten dafür übernimmt das

Jugendamt. Das gilt auch für eine Tagesmutter.

Hier die **finanziellen Hilfen**, die dir während der Schwangerschaft und nach der Entbindung zustehen:

> ➤ **Mutterschaftsgeld**

> ➤ **Zuschuss zum Muttergeld**

> ➤ **Arbeitsentgelt, wenn du unter ein Beschäftigungsverbot fällst**

> ➤ **Elterngeld**

Sonstige Hilfen, die du in Anspruch nehmen solltest:

> ➤ **Stiftung Mutter und Kind (bei der AWO oder bei ProFamilia zu beantragen)**

> ➤ **Kindergeld, Kindergeldzuschlag**

> ➤ **Elterngeld**

> ➤ **Unterhaltsvorschuss**

> ➤ **Berufsausbildungsbeihilfe (BAB)**

> ➤ **Wohngeld**

Berufsausbildungsbeihilfe (BAB)

„Berufsausbildungsbeihilfe, auch kurz BAB genannt, ist eine staatliche Leistung, die während einer Ausbildung oder einer berufsvorbereitenden Bildungsmaßnahme gezahlt wird." (Quelle: Bundesagentur für Arbeit)

Die **Berufsausbildungsbeihilfe (BAB)** ist relativ unbekannt und viele Azubis denken, mit Beginn ihrer Ausbildung müssen sie nur mit dem Lehrgeld auskommen. Das stimmt so nicht.

Doch bevor du anfängst zu jubeln und schon eine Liste deiner Wünsche aufstellst, die du dir nun erfüllen könntest, auch hier gibt es wieder Stolpersteine für deine Träume, zum Beispiel wie **die Vorrausetzungen für das BAB:**

➢ Gefördert wirst du, wenn du die **deutsche Staatsbürgerschaft** hast, unter bestimmten Vorrausetzungen werden auch **ausländische Azubis** gefördert (näheres dazu kannst du bei deinem Berufsberater erfahren)

➢ Da das BAB für das Bestreiten deines Unterhaltes gedacht ist, darfst du als erste Vorraussetzung **nicht mehr zu Hause wohnen**. Du musst also eine eigene Wohnung haben, weil die Ausbildungsstätte zu weit von zu Hause entfernt ist. Dabei gibt es aber Ausnahmen! Schaue bei den anschließenden Tipps nach.

➤ Weiter wird mit dem BAB **für Heimfahrten sowie Fahrten zu deiner Arbeit ein Pauschalbetrag** dir gezahlt.

➤ Es muss sich um eine **anerkannte berufliche Ausbildung** handeln.

➤ Hast du einen **Ausbildungsvertrag von der IHK oder HWK bzw. der dort eingetragen ist**, prima, dann hole dir den Antrag auf BAB und fülle ihn aus.

➤ Es muss eine **finanzielle Bedürftigkeit** vorliegen. Das heißt, es gibt Einkommensgrenzen für dich und deine Eltern. Liegst du darunter, hast du Anspruch auf BAB.

Tipp: Angenommen du warst wegen einer anderen Ausbildung, die du abbrechen musstest, schon **einmal auswärts untergebracht**, dann kannst du dich darauf berufen, wenn du eine eigene Wohnung trotz relativer Nähe zu deinen Eltern hast.

Tipp: Wenn die **Nahverkehrsverbindungen für dich und deine Ausbildung denkbar schlecht** sind, gratulieren wir dir, denn nun hast du ein Anrecht auf eine eigene Wohnung und damit auf das BAB.

Tipp: Wohnst du zu Hause, aber **die Kosten für deine Ausbildung**, wie Fahrkosten beispielsweise zum Blockunterricht oder zur Ausbildungsstätte, kannst du nicht allein tragen, dann hast du Anspruch auf BAB.

Tipp: **Hast du ein Kind**, dann steht dir eine eigene Wohnung zu und du hast keine Probleme mit dem BAB.

Tipp: Nehmen wir mal an, du hast noch Geschwister, besonders **kleine Geschwister**, so können die grade in der Ausbildung ganz schön stressig und vor allem laut sein. Damit hast du die perfekte Erklärung, weshalb du eine eigene Wohnung benötigst. Schließlich kann man bei diesem Lärm nicht richtig lernen.

Tipp: Auch für diesen Tipp ist es günstig, wenn du Geschwister hast. Dein Bruder oder deine Schwester brauchen schließlich auch **Platz** und spätestens jetzt ist es dir nicht mehr zu zumuten, mit deinen Geschwistern ein Zimmer zu teilen. Das gilt auch, wenn du mit deinen Eltern in einer kleinen Wohnung wohnst und keine Ausbaumöglichkeiten vorhanden sind (was auch die finanziellen Mittel einschließt).

Du siehst, es ist alles eine Frage der **Interpretation deiner eigenen Situation.** Die vorgestellten Tipps sind jedenfalls erprobt worden und wurden von der Bundesagentur für Arbeit akzeptiert.

Es gibt kleine Unterschiede zwischen Ausbildung und **berufsvorbereitenden Maßnahmen**. Die Vorrausetzunge sind die gleichen, aber es werden nur **bestimmte Kosten berücksichtigt**.

Das sind unter anderem:

> ➤ **Lehrgangskosten**
> ➤ **Notwendige Fahrkosten**
> ➤ **Kosten für Lernmittel und Arbeitskleidung**

Nicht gefördert werden **schulische Berufsvorbereitungsmaßnahmen** wie:

- **Berufsvorbereitungsjahr (BVJ)**
- **Berufsgrundbildungsjahr (BGJ)**
- **Einjährige Berufsfachschule**

Für **behinderte Auszubildende** gelten besondere Vorschriften:

> ➤ **Förderfähig sind auch berufliche Ausbildungen**, die im Rahmen des Berufsbildungsgesetzes oder der Handwerksordnung abweichend von den Ausbildungsordnungen für staatlich anerkannte Ausbildungsberufe oder in Sonderformen für behinderte Menschen durchgeführt werden. Was bedeutet, ist deine **Ausbildung kein direkt anerkannter**

**Berufsabschluss, sondern eine
Sonderform für behinderte Menschen**,
dann kannst du **trotzdem BAB
beanspruchen**.

➤ Eine **Verlängerung der Ausbildung** über
das vorgesehene Ausbildungsende hinaus,
eine Wiederholung der Ausbildung ganz oder
in Teilen sowie eine erneute berufliche
Ausbildung wird gefördert, wenn Art oder
Schwere der Behinderung es erfordern und
ohne die Förderung eine dauerhafte Teilhabe
am Arbeitsleben nicht erreicht werden kann.
Das heißt nur, eine **Verlängerung des
Anspruches über den normalen Zeitraum**
hinaus ist durchaus möglich, wenn deine
Erkrankung oder Behinderung eine
Erweiterung des Ausbildungszeitraumes
erfordert.

➤ Der Anspruch auf BAB bei einer beruflichen
Ausbildung besteht auch, wenn du als
**behinderter Mensch im Haushalt deiner
Eltern** oder eines Elternteils wohnt.

**Ganz wichtig! Es gibt Leistungen, die schließen
einen Anspruch auf BAB aus**. Erhältst du
beispielsweise BAföG oder irgendwelche Renten
nach dem Bundesversorgungsgesetz, dann hast
keinen Anspruch auf BAB.

Es wird dich überraschen, aber eine Förderung
deiner **Ausbildung im Ausland** ist auch unter

bestimmten Aspekten möglich. Leider sind diese so vielschichtig, das es besser ist, wenn du dich darüber mit deinem Berufsberater bei der Agentur für Arbeit darüber unterhältst.

Egal, was du sonst noch für Fragen hast, dein Ansprechpartner ist dein Berufsberater oder Sachbearbeiter bei der Agentur für Arbeit.

Tipp: Lass dich auf keinen Fall mit dem **Leitsatz** der Ämter abspeisen: „**Gibt es nicht**." Gibt es eben doch, nur der Anspruch wird mitunter anders geprüft.

Die Beantragung des BABs

Den **Antrag** musst du bei der **Bundesagentur für Arbeit** stellen. Diese ist auch für auftretende Fragen zuständig.

Stellst du den Antrag im laufenden Monat, so erhältst du das BAB **ab dem 1. des Monats, in welchem du den Antrag gestellt hast**. (Du hast am 29. Mai unser Buch gelesen und noch schnell am selben Tag den Antrag auf BAB gestellt, damit erhältst du rückwirkend zum 1. Mai das BAB).

Tipp: **Zur Fristwahrung** genügt es den Hauptantrag erst einmal komplett ausgefüllt einzureichen. Und das bis zum 30./31. des Monats.

Die **Formulare** kannst du dir bei der **Bundesagentur für Arbeit abholen oder du rufst dort an und lässt sie dir per Fax oder per Email schicken**. Leider haben wir keine Anträge zum direkten Download gefunden.

Höhe und Dauer

Du kannst für deine **gesamte Ausbildung** BAB erhalten. Dabei solltest du darauf achten, dass immer nur **für 18 Monate entschieden** wird und dann musst du den Antrag neu stellen.

Tipp: Willst du alles etwas abkürzen und schon vorab Bescheid wissen, ob und in welcher Höhe dir BAB zusteht, dann solltest du deine Daten unter **http://babrechner.arbeitsagentur.de/** eingeben. Der Rechner eignet sich auch hervorragend, die Berechnung der Ämter zu überprüfen.

Die **Höhe** des BAB hängt im Wesentlichen **von zwei Faktoren** ab:

1. **dem Gesamtbedarf für die Ausbildung**
2. **dem anzurechnenden Einkommen**

Sehen wir uns diese beiden Faktoren einmal genauer an, aus was sie sich zusammensetzen und wie dann die Berechnung aussieht.

Zum größten Teil lehnt sich die Berechnung des BABs an die BAföG- Berechnung an.

Der **Gesamtbedarf der Ausbildung** setzt sich wie folgt zusammen:

➢ **Bedarf für die Lebenskosten**

➤ **Fahrkosten**

➤ **Sonstige Aufwendungen wie Lernmittel und Arbeitskleidung**

➤ **Bei berufsvorbereitenden Bildungsmaßnahmen sind noch die Lehrgangskosten hinzuzurechnen**

Die **Bedarfssätze** hier sind **pauschalierte Sätze**, welche vorgegeben sind.

Tipp: Bei den **Fahrkosten** wird dir aber meistens entgegen gekommen, wenn du einen **höheren Bedarf** nachweisen kannst.

Tipp: Das gleiche gilt für die **Arbeitsbekleidung**. Normalerweise soll diese ja vom Betrieb gestellt werden, aber manche Firmen sind so klein, dass du dir entsprechende Dinge selbst kaufen musst. Auch hier gilt, kannst du das nachweisen, wird der Sachbearbeiter mit sich reden lassen.

Das **anzurechnende Einkommen** setzt sich aus folgenden Posten zusammen und ist komplett mit dem Einkommensbegriff aus dem BAföG identisch:

➤ **Alle positiven Einkünfte** laut Einkommenssteuergesetz, also alles, was als **Einkommen** zählt, wie:

- Lohn, Gehalt
- Einkommen aus selbständiger Arbeit
- Bezüge aus Renten,
- Arbeitslosengeld,
- Sozialhilfe
- Hartz IV bzw. Arbeitslosengeld II
- Elterngeld
- Kindergeld
- Kinderzuschuss
- Unterhaltsvorschuss
- Wohngeld
- BAföG
- Stipendien
- Unterhalt
- dein Lehrlingsgehalt
- Waisengeld
- Witwenrente

➢ Hast du **Geschwister**, die noch im Haushalt deiner Eltern leben oder bei dir, so muss deren Einkommen ebenfalls angegeben werden.

➢ Hast du einen **Lebenspartner** oder **Ehemann/-frau**, dann musst deren Einkommen auch angeben

➢ **Aufgepasst!** Es geht hier um **deine aktuellen Einkünfte.**

Dem Einkommen, was sich nun ergibt, werden alle zu entrichtenden **Steuern, Sonderausgaben für das Eigenheim, Kosten für Renten-, Kranken- und Arbeitslosenversicherung wie Werbekosten und Freibeträge abgezogen.** Dabei werden **pauschalisierte Beträge** zu Grunde gelegt.

Der daraus sich ergebene Betrag ist dann das bereinigte Einkommen, welches die **Grundlage** bildet für die weitere Berechnung. Nun werden die Kosten für deine Ausbildung dem entgegen gesetzt. Der Betrag, welcher jetzt hoffentlich übrig bleibt, ist dein Anspruch auf BAB.

Damit du die Berechnungen besser verfolgen kannst, hier die Freibeträge für dich.

Freibeträge pro Monat

- Auszubildender 52 Euro
- Eltern (verheiratet und zusammenlebend) 1440 Euro
- Elternteil (alleinstehend) 960 Euro
- Stiefelternteil 480 Euro
- Ehegatten 960 Euro
- Kinder und sonstige Unterhaltsberechtigte je 435 Euro

Zusätzlich besteht ein Freibetrag von 510 Euro, der der Unterbringung außerhalb des Haushalts deiner Eltern dient.

Und nun sehen wir uns auch **die Bedarfssätze** an.

Tipp: In wie weit diese Bedarfssätze, denen im neuen BAföG angeglichen werden, konnte uns niemand sagen (mehrere Anrufe bei dem Bundesministerium für Arbeit und Soziales bis zum 25.03.08). Deshalb schlagen wir dir vor, gegen die Bedarfssätze ab dem 01. 09. 2008 Widerspruch einzulegen, sollten die alten Bedarfssätze zu Grunde gelegt worden sein.
Da sich alles im Berufsausbildungsbeihilfegesetz auf das BAföG bezieht, muss man logischerweise auch von den neuen Bedarfssätzen und Freibeträgen ausgehen, die sich aus dem 22. Änderungsgesetz des BAföGs ergeben. Dabei solltest du auf §§ 65 und 70 SGB III verweisen
(§70 Anpassung der Bedarfssätze
Für die Anpassung der Bedarfssätze gilt § 35 Satz 1 und 2 des Bundesausbildungsförderungsgesetzes entsprechend.)
Alles weitere zu diesen neuen Bedarfssätzen und Freibeträge kannst du zu Anfang des Buches im Kapitel über BAföG nachlesen. Es handelt sich um die gleiche Höhe.

Bedarfssätze: berufliche Ausbildung

Im Haushalt der Eltern lebend:
Lebensunterhalt **0 Euro**

Im Wohnheim o. Internat:
Lebensunterhalt **80 Euro +**
amtlich festgesetzte Wohnheim- bzw. Internatskosten

In einer eignen Wohnung:
Lebensunterhalt **310 Euro +**
Pauschale für Miete **133 Euro +**
Zuschlag bis zu **64 Euro**, wenn die Miete nachweislich 133 Euro übersteigt

Im Haushalt des Ausbildenden mit voller Verpflegung: 80 Euro (das bedeutet, du hast die Unterkunft von deiner Firma gestellt bekommen, ähnlich wie eine Haushaltshilfe, mit Unterbringung im Haushalt)

Fernunterrichtsgebühren: bis zu 16 Euro
Arbeitskleidung: 11 Euro
Kinderbetreuungskosten: 130 Euro

Berufsvorbereitende Maßnahmen

Im Haushalt der Eltern lebend:
Lebensunterhalt **192 Euro**

Im Wohnheim o. Internat:
Lebensunterhalt **80 Euro +**
Amtlich festgesetzten Internats- bzw. Wohnheimkosten

In einer eignen Wohnung:
Lebensunterhalt + Pauschale für Miete **348 Euro**
Zuschlag bis zu **64 Euro**, wenn nachweislich die Miete 52 Euro übersteigt

Lernmittel: 8 Euro

Arbeitskleidung: 11 Euro
Kinderbetreuungskosten: 130 Euro

Fahrkosten

Fahrkosten werden bei beiden Ausbildungsformen in folgender Höhe berechnet:

Pendelfahrten zwischen Unterkunft, Ausbildungsstätte und Berufsschule **bis zu 476 Euro.**
An- und Abreise und 1 Heimfahrt monatlich**: in Höhe des niedrigsten Fahrpreises**
bei Benutzung sonstiger Verkehrsmittel:
Wegstreckenentschädigung nach Bundesreisekostengesetz (Kilometerpauschale)

Aufgepasst! Bei den Bedarfssätzen gibt es für dich **als Elternteil Kinderbetreuungskosten in Höhe von 130 Euro,** die manchmal vergessen werden.

Sehen wir uns nun die Anträge im Einzelnen an. Wir werden dir jeden Antrag Punkt- für- Punkt ausführlich erklären und dir eine Checkliste erstellen, damit du alles gleich bei der Antragsabgabe zur Hand hast. Um so eher bekommst du dein Geld.

Auch wenn es jede Menge Papier ist, was man dir überreicht, du musst nun keine Angst um deine Freizeit haben. Das meiste davon dürfen sowieso deine Eltern ausfüllen. Für dich ist der Hauptantrag entscheidend. Trotzdem werden wir alle Formulare dir erklären.

Alles im BAB- Antrag ähnelt sehr der Abwicklung vom BAföG. Selbst die Anträge für die Eltern über deren Einkommen sind denen im BAföG- Antrag fast identisch.

Unsere Erfahrung hat gezeigt, dass so ein Antrag mit Hilfe unseres Buches in etwa 15 bis maximal 30 Minuten ausgefüllt ist.

Hauptantrag – Antrag auf Berufsausbildungsbeihilfe

Wir stellen dir nun den Hauptantrag vor. Dabei gehen wir Punkt- für- Punkt vor. Die dazu gehörige Checkliste steht immer am Ende der Antragserklärung.

1. Seite

Hier fängst du mit Punkt 1 an. Den oberen Abschnitt lasse frei, der wird von der Agentur für Arbeit ausgefüllt.

1 Ich habe bereits einen Antrag auf Berufsausbildungs- beihilfe gestellt:
> wenn du bereits einen Antrag gestellt hast, dann kreuze hier „ja" an und trage das Amt sowie Team und deine Kundennummer ein. Das kann die Antragstellung erleichtern.

2 Persönliche Daten:
> Hier trägst du deinen Namen, Vornamen, deine Anschrift wie das Geburtsdatum, Telefonnummer (für manche Nachfragen ist es besser und geht dann auch schneller), deine Staatsangehörigkeit wie deinen Familienstand. Hast du die gleiche Anschrift wie bei deinem letzten Antrag, so kreuze „ja" an.
> Läuft bei dir ein Anerkennungsverfahren für Spätaussiedler, dann kannst du das an Hand des Registrierscheins nachweisen. Lege diesen in Kopie bei. Als ausländischer Azubi kannst du deine Aufenthaltsgenehmigung in beglaubigter Form oder eine Kopie deines Passes vorlegen. Solltest du verheiratet sein, dann lege das Familienstammbuch oder die Heiratsurkunde vor.

3 erworbener Berufsabschluss

Es geht um einen eventuell erworbenen Berufsabschluss. Du wunderst dich vielleicht über diese Frage, denn beantwortest du diese mit „ja", brauchst du gar nicht erst weiter auszufüllen. Doch manchmal brauchst du einen Ablehnungsbescheid, um andere Leistungen zu erhalten. Gehen wir aber von der Mehrzahl der Leser aus, musst du hier **„nein"** ankreuzen.

4 Ich wohne während meiner Ausbildung im Haushalt meiner Eltern oder eines Elternteils

Hier musst du wieder „ja" oder „nein" ankreuzen. In den meisten Erklärungen wird gesagt, dass du dann keinen Anspruch mehr auf BAB hättest, wenn du „ja" ankreuzt. Ganz so stimmt das nicht. Immerhin hast du noch Anspruch auf Erstattung der Fahrkosten etc. Bist du behindert, dann gibt es hier eine Ausnahme. In dem Fall hast du Anspruch auf BAB.

Tipp: Haben deine Eltern eine **Einliegerwohnung** und du hast noch Geschwister, dann rede mit deinen Eltern, dir die Wohnung zu überlassen, aber am besten setzt ihr einen Mietvertrag auf. Mit unserem Tipp zur Begründung, weshalb du eine eigene Wohnung brauchst (unter BAB), erhältst du auf jeden Fall dein BAB.

5 Ich habe im Anschluss an die Grundschule/ Hauptschule noch eine Schule besucht

Sollte das der Fall sein, dass du beispielsweise eine Betriebsberufsschule zum Erwerb deines Realschulabschlusses besucht hast, dann trage es zusammen mit dem Zeitraum in der Tabelle unter Frage 8 ein.

6 Ich habe keinen Berufsabschluss, war aber bereits beruflich tätig

hast du das BGB oder BGJ absolviert bzw. eine Ausbildung schon einmal abgebrochen, dann kreuze „ja" an und trage die Zeit, die Arbeitsstätte und als was du tätig warst, in der Tabelle unter Frage 8 ein.

7 Ich war bei der Agentur für Arbeit arbeitslos gemeldet

musst du diese Frage mit „ja" beantworten, dann trage die Zeit und das zuständige Arbeitsamt unter Frage 8 in der Tabelle ein. Warst du Ausbildungssuchend gemeldet, dann brauchst du dazu keine Angaben machen.

8 Ich habe Wehr-/Zivildienst geleistet

ist das der Fall, so trage den Zeitraum und den Ort in der Tabelle unter Frage 8 ein.

9 Angaben im Berufsausbildungsvertrag

Jetzt wird es interessant. Am besten du legst zur Beantwortung deinen Ausbildungsvertrag direkt daneben. Denn sämtliche Angaben, die jetzt gefordert werden, sind in dem Vertrag enthalten. Erst einmal wird die genaue Bezeichnung deines Ausbildungsberufes erfragt sowie den Beginn und das vorrausichtliche Ende deiner Ausbildung. Weiter musst du deinen Ausbildungsbetrieb mit ausführlichen Namen und Adresse angeben. Die Höhe deiner monatlichen Bruttoausbildungsvergütung – damit ist dein monatliches Lehrgeld gemeint, musst du nun eintragen. Da es sich jedes Jahr verändert und sich erhöht, musst du dies auch so in Euro angeben. Mit Sachbezügen sind zum Beispiel freie Kost oder Wohnung gemeint. Sonstige Vereinbarungen können Tarifvereinbarungen sein, wie Weihnachtsgeld beispielsweise. Dazu muss noch ein Formular eingereicht werden, nämlich die **„Bescheinigung der Ausbildungsstätte"**. Diese musst du nur mit deinem Namen versehen und bei deinem Ausbildungsbetrieb abgeben. Dort wird alles ausgefüllt und entweder gleich an die Agentur für Arbeit geschickt oder dir ausgehändigt. Das letzte Feld unter Sachbezügen muss von dir frei gelassen werden. Das füllt die Agentur für Arbeit aus.

10 eigene Kinder

wenn du eigene Kinder hast, dann kreuze hier das „Ja" an. Ob der Kinderzuschlag aus dem 22. Änderungsgesetz des BAföGs nun auch im BAB Anwendung finden würde, konnte uns im März 2008 im Bundesministerium für Arbeit und Soziales niemand mitteilen. **Unser Tipp:** Sei frech und stelle einen formlosen Antrag und verweise darauf, dass das Bafög die Grundlage für das BAB bildet. Wir drücken dir die Daumen!

Angaben über die leiblichen Eltern oder die Adoptiveltern

11 Vater und 12 Mutter

hier musst du den Namen und Vornamen sowie die Adresse und Staatsangehörigkeit deiner Eltern eintragen. Kennst du von einem der beiden nicht die Adresse, so trage **unbekannt** ein. Sind sie verstorben, dann musst du **verstorben** hinein schreiben.

13 wenn beide Eltern noch leben, sind sie miteinander verheiratet?

Da gibt es nur ja oder nein bzw. dauernd getrennt lebend, mit dauernd getrennt lebend ist gemeint, dass deine Eltern entweder das Trennungsjahr eingereicht haben oder getrennt Haushalte seit mindestens drei Monaten haben.

Angaben zu anderen Ansprüchen

14 Ich erhalte Hilfe zur Erziehung durch das Jugendamt

das ist ziemlich unwahrscheinlich, bei all den Kürzungen im Bereich Soziales und Erziehung, aber vielleicht gehörst du ja zu den Glücklichen, die noch ein paar Leistungen genehmigt bekommen haben. Du musst

dann eine entsprechende Bescheinigung des Jugendamtes vorlegen. Diese Hilfe kann sein:
- Vollzeitpflege bei Pflegeeltern
- Die Unterbringung in einem Heim
- Intensive Betreuung für gefährdete Jugendliche wie im betreuten Wohnen

15 Ich bin

15 a) Waise oder Halbwaise und beziehe Waisenrente bzw. Waisenbeihilfe nach dem Bundesversorgungsrecht

Erhältst oder hast du Anspruch auf diese Leistungen wie Erziehungsbeihilfe oder Waisenrente, so musst du erst diese Leistungen beantragen. Leistungen nach dem Bundesversorgungsgesetz haben Vorrang vor dem Anspruch auf BAB. Das heißt, so lange du diese Leistungen nicht beantragt hast, kann dein BAB- Antrag nicht bearbeitet werden und wird aller Voraussicht negativ entschieden werden. Du musst auf jeden Fall einen entsprechenden Bescheid vorlegen.

15 b) Kind eines Empfängers von Grundrente nach § 31 Bundesversorgungsgesetz oder nach einem Gesetz, das das Bundesversorgungsgesetz für anwendbar erklärt

Als Kinder sind leibliche Kinder, Pflegekinder, im Haushalt aufgenommene Stiefkinder gemeint. Bezieht also beispielsweise dein Vater, Stief- oder Pflegevater Rente, dann musst das hier angeben.
Gesetze, die nach dem Bundesversorgungsgesetz anwendbar sind, können sein:

- **Soldatenversorgungsgesetz**
- **Zivildienstgesetz**
- **Bundesgrenzschutzgesetz**
- **Häftlingshilfegesetz**
- **Gesetz über Unterhaltsbeihilfe für Angehörige von Kriegsgefangenen**

- Gesetz über Zivilschutzkorps in Verbindung mit dem Soldatenversorgungsgesetz
- Gesetz zu Artikel 131 Grundgesetz
- Bundes- Seuchengesetz
- Gesetz über Entschädigung für Opfer von Gewalttaten

Entnehmen kannst du das aus den jeweiligen Bescheiden.

Tipp: Pflegegeld gilt nicht als Einkommen!

16 Meine Teilnahme an der Ausbildung ist auf einen Unfall zurückzuführen

eigentlich klingt der Satz harmlos, aber wenn man dahinter schaut, wirst du feststellen, es geht wieder nur darum, die Kosten zu senken. Denn wenn du einen Unfall hattest, kann es ja sein, dass du aus einer Unfallversicherung oder einer Unfallrente Zahlung erhältst. Sollte deine Teilnahme an der Ausbildung auf einen Unfall zurückzuführen sein, dann musst du jedenfalls den „Unfallfragebogen" ausfüllen und mit einreichen.

Angaben zur Wohnung während der Ausbildung

17 Ich wohne während meiner Ausbildung nicht bei meinen Eltern, sondern:
- **bei deinen Großeltern,**
- **bei sonstigen Verwandten,**
- **bei Pflegeeltern,**
- **in fremder Familie,**
- **im eigenen Haushalt,**
- **in einer Betriebsunterkunft,**
- **in einem Wohnheim,**
- **im Internat,**
- **zur Untermiete.**

Hier wirst du aufgefordert, deine Wohnung anzugeben mit Anschrift. Lebst du bei Verwandten, ist es nützlich einen schriftlichen Mietvertrag zu haben. Dann musst du angeben, ob du seit Beginn der Ausbildung (Datum vom Mietvertrag) dort wohnst.

18 Würde der Hin- und Rückweg von der Wohnung der Eltern zur Ausbildungsstätte insgesamt mehr als zwei Stunden dauern?

Der Hintergrund für diese Frage ist ganz simpel. Laut Gesetzgeber darf dir ein Hin- und Rückweg von maximal 2 Stunden zugemutet werden, mehr nicht. Da aber die Planung der Nahverkehrsmittelstrecken immer abenteuerlichere Wege vorsieht, dürfte es für dich nicht schwer werden, nachzuweisen, dass dein Weg mehr als 2 Stunden in Anspruch nimmt, besonders wenn du außerhalb einer Großstadt wohnst. Als Minderjähriger musst du zusätzlich auf einem Blatt erläutern, warum du nicht zu Hause wohnst.

Tipp: Es darf nicht die einfache Kilometerzahl x Zeit mit beispielsweise Fahrrad für deinen Weg genommen werden, sondern **die Zeit, die mit den öffentlichen Verkehrsmitteln benötigst einschließlich Wartezeiten auf die Verkehrsmittel. Zu Fuß zurückgelegte Wege werden mit 15 min pro Kilometer veranschlagt.**

19 meine monatliche Miete (einschließlich der Nebenkosten) ist höher als 133 €

Das wird sie sicherlich sein, denn die Warmmiete für ein Zimmer liegt im Durchschnitt bei 250 Euro. Um diese Kosten nachzuweisen, musst du deinen Mietvertrag in Kopie einreichen. Bei den meisten Ämtern reicht das in der Regel aus. Andere Ämter bestehen auf dem Ausfüllen des Formulars **„Angaben zur Miete"**. Dort musst du nur die Angaben aus dem Mietvertrag übernehmen und lässt ihn vom Vermieter unterschreiben. **Achtung, zu den Nebenkosten gehören nicht die Stromkosten!**

20 ich wohne in einem Wohnheim oder Internat mit voller Verpflegung

Traumhaft so ein Wohnheim, aber wenig wahrscheinlich. Solltest du also in einem Wohnheim oder Internat untergebracht sein, dann fülle das **„Zusatzblatt bei Wohnheim-/Internatsunterbringung"** aus. Dabei spielt es keine Rolle, wie deine Verpflegung aussieht, es geht letztlich **um die Art der Unterbringung.**

Angaben zu den Fahrkosten

Jetzt heißt es, aufgepasst! Denn es geht hier um dein Geld. Ein falscher Eintrag und du bekommst weniger BAB. Die nachfolgende Tabelle ist so gegliedert, dass du in der ersten Spalte angibst, wofür dir die Fahrkosten entstehen, in der zweiten - welches Verkehrsmittel du benutzt sowie in der dritten - die entstehenden Kosten und Entfernung.

Die Tabelle bezieht sich also komplett nur auf die Fahrkosten. Deshalb rechne dir vorher schon einmal die Fahrten und deren Kosten wie zu deinem Blockunterricht, deiner Ausbildungsstätte und deinen Eltern aus.

Fahrkosten werden nur **bis zu einer Höhe von 476 Euro** erstattet.

Tipp: Benutzt du eine **Jahres- oder Monatskarte bzw. eine Bahncard, so müssen dir diese Kosten erstattet werden**. Lege die Karten entweder als Kopie oder bei dem Amt direkt vor.

Tipp: **Mogeln bei der Entfernung bringt nichts. Sämtliche Entfernungen** werden durch die Agentur für Arbeit mit Hilfe eines **Internetroutenplaners nachgemessen.** Daher empfehlen wir dir, eine eigene Entfernungsmessung beizulegen (entweder als Ausdruck eines Routenplaners oder als eigene Berechnung).

21 ich habe eine Wertmarke des Versorgungsamtes, mit der ich öffentliche Verkehrsmittel unentgeltlich benutzen kann

Solch eine Wertmarke hast du nur dann, wenn du einen Behindertenausweis besitzt mit dem Merkzeichen H oder G. Damit kannst du, ohne zu bezahlen, die öffentlichen Verkehrsmittel benutzen. Das bedeutet in diesem Antrag, dir werden **keine Fahrkosten erstattet**.

22 a) Pendelfahrten zwischen Wohnung/ auswärtiger Unterkunft und Ausbildungsstätte

gemeint ist hier: deine durchschnittlichen Fahrten zwischen der Wohnung, wo du während der Ausbildung wohnst und deinem Ausbildungsbetrieb. Wichtig, vergiss nicht, die Anzahl der Tage in der Woche anzugeben, darum schreiben wir auch „die durchschnittlichen Fahrten".

- benutzt du **öffentliche Verkehrsmittel**, ist die Sache ganz einfach. Du gibst bei Strecke, den Weg von deiner Haustür bis zur Tür deines Ausbildungsbetriebes an. Nun musst du nur noch die Kosten angeben, die dir entstehen. Am besten du holst dir einen Kostenvoranschlag für eine Jahres- oder Monatskarte von den Verkehrsbetrieben oder DB. Hast du eine BahnCard, dann werden dir diese Kosten auch ersetzt.

- benutzt du ein **eigenes KFZ**, dann musst du den Hubraum angeben, weiter wird erfragt ob du selbst fährst oder ob du Mitfahrer bist. Gib die Strecke von deiner Wohnung bis zu der Ausbildungsstätte an. Dabei will man natürlich die kürzeste Verbindung von dir wissen. Am besten du fährst die Strecke ab und misst den Kilometerstand auf dem Tacho deines Autos. Navigationssysteme und Routenplaner sind eine wunderbare Erfindung, aber haben manchmal ein seltsames Eigenleben, wie die Routenmessung des

74

Luftweges zwischen zwei Verbindungen. Vergiss nicht, den Hin- und Rückweg anzugeben.

22 b) Pendelfahrten zur Berufsschule

hier sind die Angaben ähnlich wie bei 22 a). Es werden nur Kosten abgefragt, die sonst nicht abgedeckt sind. Blockunterricht zählt hier nicht darunter, da während dieser Zeit das BAB weitergezahlt wird. Also ist dein Weg zur Berufsschule nicht durch die Pendelfahrten zur Arbeitsstätte oder durch Zahlungen des Arbeitgebers abgedeckt, dann führe deine Daten auf wie vorher bei 22 a.

22 c) Anreise vom Wohnort zum Ausbildungsort bei auswärtiger Unterbringung

angenommen du wohnst eigentlich in Berlin, dein Ausbildungsort ist aber in Köln, dann musst du hier die Kosten für die Fahrt wie bei 22 a eintragen.

22 d) Familienheimfahrten zu meinen Angehörigen bzw. Fahrten meiner Angehörigen zu mir anstelle von Familienheimfahrten

besuchst du regelmäßig deine Verwandten oder sie dich, so kannst du das hier angeben. Dabei gehst du vor wie bei 22 a beschrieben. In der Regel wird hier von einer Fahrt pro Monat ausgegangen.

Tipp: Musst du deine Verwandten mehrmals pro Monat besuchen, zum Beispiel wegen einer **schweren Krankheit oder weil du deine Mutter bei der Pflege deines behinderten Bruders unterstützt (ab Pflegestufe I)**, dann begründe das auf einem Extrablatt und gib die zusätzliche Berechnung unter 22 d an.

22 e) Ich benutze für die Anreise (Frage 22c) für Familienheimfahrten (Frage 22d) eine BahnCard.
Die BahnCard wird dir angerechnet, wenn dadurch wirklich ein Kostenersparnis entsteht und du die BahnCard für deine Ausbildung besorgt hast.

Tipp: Zumindest schreibt das Gesetz vor, dass du die BahnCard für deine Ausbildung beantragt hast. Festgemacht wird das **am Datum der Erstbeantragung**. Sei einfach clever und beantrage entweder eine Stufe höher die BahnCard, solltest du bereits eine haben. Oder kündige die bestehende BahnCard und stelle einen neuen Antrag zu Beginn deiner Ausbildung. Ist zwar umständlich, aber so hast du **deine BahnCard und bekommst die Kosten dafür drei Jahre lang bezahlt**.

22 f) Ergänzende Angaben
nicht alle Fahrten und Angaben werden in den bisherigen Tabellenspalten erfasst, hier hast du die Möglichkeit, weitere Fahrten wie bei einem dualen Ausbildungsmodell oder Zuschüsse durch dritte anzugeben. Zuschüsse dritter können Verwandte wie andere Ämter sein.

23 Die Berufsausbildungsbeihilfe ist zu überweisen an
jetzt gibst du deine Bankverbindung an. Es ist auch möglich direkt an den Vermieter oder das Wohnheim/ Internat zu überweisen. Dann gib diese Kontenverbindungen an. BAB wird grundsätzlich nur überwiesen.

Im nachfolgenden Absatz erklärst du unter anderem, dass:

> ➤ du damit einverstanden bist, dass Erziehungshilfe, sollte sie dir gewährt sein laut 15 a und b, von der

Arbeitsagentur ausgezahlt wird, die deinen BAB-Antrag bearbeitet.

➢ Bei der Unterbringung in einem Internat oder Wohnheim wird das BAB gleich dorthin überwiesen. In diesem Fall musst du bei der Kontoverbindung unter Punkt 23 die jeweilige Bankverbindung des Wohnheims beispielsweise eintragen. Damit erklärst du dich hier ebenfalls einverstanden.

➢ Dann versicherst du, dass deine Angaben der Wahrheit entsprechen und vollständig sind. Also achte darauf, dass du wirklich alles beantwortet hast.

➢ Du musst versichern, dass du Änderungen, die für deinen Anspruch auf BAB wichtig sein könnten, unverzüglich und ohne Aufforderung der Arbeitsagentur mitzuteilen hast. Solche Änderungen können sein:

- ein vorzeitiger Abschluss deiner Ausbildung
- Abbruch deiner Ausbildung
- Umzug in eine andere Wohnung
- Unterbrechung der Ausbildung
- Wechsel der Ausbildungsstätte auch bei Betriebsstilllegung
- Lange Erkrankung (länger als vier Wochen)
- Wiederaufnahme der Ausbildung nach Schwangerschaft oder langer Erkrankung
- Änderung der Einkommensverhältnisse

➢ Auch wenn dir noch kein Bewilligungsbescheid vorliegt, hast du jegliche Änderungen in deinen Einkommensverhältnissen mitzuteilen.

➢ Erhältst du Beihilfe auf Grund unwahrer oder unrichtiger Angaben bzw. durch das Verschweigen von Tatsachen, die für die Bewilligung des BABs wesentlich sind, so musst du die Beihilfe in voller Höhe zurückzahlen und alle rechtlichen Folgen tragen. Das heißt nur, hast du gelogen oder zum Beispiel bei deinen Einkommensverhältnissen etwas verschwiegen wie die Erbschaft deiner Oma, dann musst das bisher gezahlte BAB zurückzahlen und musst mit einer Anzeige wegen Betrugs rechnen.

- ➢ Dann versicherst du, dass du die „Hinweise zum Ausfüllen des Antrages auf Berufsausbildungshilfe" erhalten und gelesen hast. Da das unsere Arbeitsgrundlage und Quelle zusammen mit den Gesetzen zum BAB gewesen sind, kannst du das ruhigen Gewissens versichern.
- ➢ Soll der Bescheid an einen gesetzlichen Vertreter gerichtet werden, wie deine Eltern oder einen Vormund, dann musst du die Adresse in dem Kästchen unter deiner Unterschrift eintragen.

Nun unterschreibst du den Antrag mit der Angabe des Ortes und des Datums und damit hast du deinen Part geschafft.

Erklärung des Ehegatten/ Lebenspartners/ des Vaters/ der Mutter

Dieses Formular wird dir mehrfach ausgehändigt, denn jeder der betreffenden Personen hat eine eigene Erklärung zu seinem Einkommen auszufüllen.

Doch alle Erklärungen sind **erstens gleich** und **zweitens der BAföG- Erklärung zum Einkommen der Eltern bzw. des Ehegatten entnommen.**

Tipp: Normalerweise musst du **diese Erklärung zusammen mit deinem BAB- Antrag abgeben.** Nun kann es aber sein, deine Eltern sind geschieden und es tobt ein regelrechter Rosenkrieg. Du hast es also mit misstrauischen Menschen zu tun. Dann verzweifele nicht, weil dein Vater vielleicht nicht die Erklärung ausfüllen will, weil sonst deine Mutter erfahren könnte, was er für Einkommen hat. Die Formulare können **von deinen Eltern direkt zu der Agentur für Arbeit geschickt** werden.

Schauen wir uns das Formular genauer an. So schlimm wie es aussieht, ist es gar nicht.

Antragstellung der Erklärung des Ehegatten/ des Lebenspartners/ des Vaters/ der Mutter

Im oberen Block hier ist in der Regel schon der Name, Vorname und die Kunden- Nr. eingetragen. Hier muss nichts ausgefüllt werden.

Block unter der Überschrift nun muss eingetragen werden, ob Vater, Mutter, Lebenspartner oder Ehepartner des Auszubildenden ab hier die Erklärung weiter ausfüllt. Es wird weiter nach dem Namen des Auszubildenden gefragt, wie Team, die betreffende Agentur für Arbeit und Kundennummer sowie den Bewilligungszeitraum.

Tipp: Ist das nicht bekannt, dann einfach freilassen und nur den Namen und den Bewilligungszeitraum eintragen. Der Bewilligungszeitraum beträgt 18 Monate und beginnt mit dem Ausbildungsbeginn oder dem Ende des ersten Bewilligungszeitraums.

Ab Punkt 1 betreffen sämtliche Angaben denjenigen, der das Formular ausfüllen muss.

Block 1 hier werden die persönlichen Angaben gefordert, wie Namen, Geburtsname, Vorname, Geburtsdatum, Wohnanschrift, Familienstand und ob du dich ebenfalls in der Ausbildung befindest sowie das Datum des voraussichtlichen Abschluss. Wir empfehlen dir, die Telefonnummer mit anzugeben. Eventuelle Nachfragen können so schneller bearbeitet werden.

Block 2- 4 betrifft deine Kinder **ohne den Antragsteller, also ohne deinen Sohn oder Tochter**, welchem du dieses Formular zu verdanken hast. Dabei handelt es sich um die Kinder, die bei dir zu Hause leben, für die du Unterhalt zahlen musst oder die sich auch in Ausbildung befinden.

In **Block 2** trägst du deine Kinder mit Familien- und Vornamen, wie Geburtsdatum ein. Dann musst du angeben, ob die Kinder in deinem Haushalt leben oder nicht. Erfragt wird auch das Verwandtschaftsverhältnis der Kinder zu dir und dem Kind, das den BAB- Antrag stellt. Folgende Kinder musst du eintragen:

> ➢ **eigene Kinder**
> ➢ **Stiefkinder in deinem Haushalt**
> ➢ **Enkel, die in deinem Haushalt wohnen**
> ➢ **Pflegekinder**

Block 3 möchte von dir die Ausbildungsstätten deiner Kinder erfahren. Dabei müssen Name und Art sowie die Klasse/ Semester der Ausbildungsstätte eingetragen werden, wie Ausbildungsbeginn und –ende, den voraussichtlichen Abschluss. Ausbildungsstättenarten sind:

> ➢ **Grund-/Hauptschule**
> ➢ **Schulen und Tagesbildungsstätten für geistig oder körperlich behinderte Kinder und Jugendliche,**
> ➢ **Realschule,**
> ➢ **Gymnasium,**
> ➢ **Gesamtschule,**
> ➢ **Ausbildungsbetrieb,**
> ➢ **Berufsfachschulen,**
> ➢ **Fachoberschulklassen, deren Besuch eine abgeschlossene Berufsausbildung nicht voraussetzt**
> ➢ **Abendhauptschule**
> ➢ **Berufsaufbauschule**
> ➢ **Abendrealschule**
> ➢ **Abendgymnasium**
> ➢ **Kolleg oder Höhere Fachschule**
> ➢ **Akademie**
> ➢ **Hochschule**

Sind deine Kinder in der Ausbildung, so stehen dir andere Freibeträge für diese Kinder zu als bei Kinder mit Einnahmen aus eigenen Einkommen, deshalb die Frage nach der Ausbildungsart.

Haben diese Kinder Einnahmen wie:

> **BAB,**
> **BAföG,**
> **Ausbildungsvergütung (Lehrgeld),**
> **Einnahmen aus Ferien- oder Gelegenheitsarbeit,**
> **Einnahmen aus Arbeitsverhältnissen,**
> **Unterhaltsleistungen,**
> **Unterhaltsvorschuß**

dann trage diese auf der nächsten Seite unter **Block 4** ein. Du musst diese Einnahmen monatlich insgesamt für jedes einzelne Kind angeben ohne Abzüge. Natürlich musst du diese Einnahmen nachweisen, also reiche für alle Einnahmen Belege in Kopie ein.

Tipp: Hast du mehr Kinder als die drei Spalten hergeben, dann **kopiere die ersten zwei Blätter** des Formulars so oft, wie du es benötigst.

Tipp: Steht eines der Kinder **vor einer Ausbildung**, dann trage dies unbedingt ein. Aber nur, wenn du den **Lehrvertrag bzw. die Ausbildungszusage schriftlich** vorliegen hast. Dasselbe gilt für das Ausbildungsende. Dabei musst du mit angeben, ob das Kind eine weitere Ausbildung aufnimmt und welches Einkommen es voraussichtlich erzielen wird.

Block 5 **musst du an jemanden Unterhalt zahlen**, dann gehört das hier hinein. Unterhaltsberechtigt dir gegenüber ist zum Beispiel dein Ehepartner, wenn er kein eigenes Einkommen hat. Weiter alle

Familienangehörige, die in grader Linie mit dir
verwandt sind, wie:
- ➢ **Ehepartner**
- ➢ **Eingetragene Lebenspartner**
- ➢ **Eltern**
- ➢ **Großeltern (zum Beispiel bei ganzer oder teilweiser Kostenübernahme für die Pflege im Pflegeheim)**
- ➢ **Kinder, die nicht in deinem Haushalt leben**

Tipp: Angenommen **du unterstützt deine Eltern oder Großeltern mit einer monatlichen Zahlung**, dann kannst du diese durchaus als Unterhalt angeben, so lange diese durch Überweisung zu belegen ist und deine Eltern/ Großeltern pflegebedürftig oder behindert sind. Haben sie nur geringe Einnahmen, dann zählen sie als sozial bedürftig. Wichtig ist nur, dass du die Bedürftigkeit belegen kannst. Das gilt auch für behinderte Kinder, wenn du sie wirklich unterstützt.

Block 6-18 hier dreht sich alles um **dein Einkommen im vorletzten Kalenderjahr.** Das heißt, wird der Antrag 2008 gestellt, dann musst du dein Einkommen aus dem Jahr 2006 eintragen.
Bei Punkt 6 will man nur, dass du das entsprechende Kalenderjahr einträgst.
Punkt 7 interessiert sich für die Art der Erwerbstätigkeit in dem betreffenden Kalenderjahr. Du hast vier Möglichkeiten:
- ➢ **Erwerbstätig als rentenversicherungspflichtige/r Arbeitnehmer/in oder in Ausbildung** (das heißt nichts anderes, als dass du angestellt bist, eine Lohnsteuerkarte bei deinem Chef abgegeben hast und Lohnsteuer abführst wie Beiträge zur Kranken- und Rentenversicherung)

➢ **Erwerbstätig als nichtrentenversicherungspflichtige/r Arbeitnehmer/in** (als Beamter oder Beamter im Ruhestand musst du hier dein Kreuz hineinsetzen.)

➢ **Erwerbstätig als Nichtarbeitnehmer** (wunderbar umständlich ausgedrückt, aber als Selbständiger oder Freiberufler/in gehört dein Kreuz hier hinein) **oder auf Antrag von der Rentenversicherungspflicht befreite/r oder wegen geringfügiger Beschäftigung versicherungsfreie/r Arbeitnehmer** (wenn du einen Minijob hast oder dein Verdienst noch unter 400 Euro liegt, bist du von der Rentenversicherung befreit und damit bist du hier ebenfalls richtig. Also dein Kreuz hier hinein. Bitte füge den Nachweis für die Befreiung von der Rentenversicherungspflicht in Kopie bei.)

➢ **Nicht erwerbstätig oder im Ruhestandsalter nicht erwerbstätig** (beziehst du Rente, bist du in der Elternzeit, pflegst du einen nahen Angehörigen ganztags (Pflegegeld I, II, III) oder bist du arbeitslos, dann musst dieses Kästchen ankreuzen.

Block 8 bis 12 findet nun deine Steuererklärung für das vorletzte Kalenderjahr interessant.

Punkt 8 Wurden Sie für das maßgebliche Kalenderjahr zur Einkommenssteuer veranlagt?
Hast du in dem vorletzten Kalenderjahr eine weitere Einkommensart neben dem Gehalt etc. bezogen, wie aus einer selbständigen Nebenbeschäftigung oder aus Kapitalerträgen, wirst du vom Finanzamt

84

zur Einkommensteuer veranlagt. Das kann im Voraus passieren, weil du die Einkünfte schon lange hast,

Werden Sie noch für das maßgebliche Kalenderjahr zur Einkommenssteuer veranlagt?
Oder im Nachhinein, wenn in dem Jahr eine solche Tätigkeit oder Einnahmequelle hinzugekommen ist.

Erfolgte eine Antragsveranlagung nach § 46 Abs. 2 Nr. 8 EStG (früherer Lohnsteuerjahresausgleich)?
Eine Antragsveranlagung geschieht immer dann, wenn du dich freiwillig zur Einkommenssteuer angemeldet hast, weil deine zu erwartenden Verluste bzw. Ausgaben höher liegen als die Pauschalbeträge der Einkommenssteuer.

Veranlagung erfolgte zusammen mit
Hier musst du eintragen mit wem die Veranlagung erfolgte sowie bei welchem Finanzamt inklusive deiner Steuernummer.

Angaben zur Kirchensteuer
Hier musst du deine Kirchensteuer eintragen, diese findest du in deinem Steuerbescheid.

Block 9 ist nur von den Eltern des Antragstellers auszufüllen, nicht von dem Ehegatten oder des Lebenspartners
Hier geht es um einen Steuerabzug für Eigengenutzten Wohnraum und welcher vom Finanzamt als solcher anerkannt wurde. Bewohnst du also ein von dir genutztes Wohnhaus (Einfamilienhaus etc.) bzw. eine Eigentumswohnung und hast vom Finanzamt einen Abzug nach § 10e oder 10i EStG eingetragen bekommen, dann musst du hier „ja" ankreuzen. (Diesen Abzug findest du in deiner Steuererklärung.)

Weiter musst du die **Höhe der Summe** angeben.

Bist du dort mit deinem **Erstwohnsitz** gemeldet (steht in deinem Personalausweis), dann kreuze „ja" an.

Block 10 wenn für das maßgebliche Kalenderjahr keine Veranlagung durchgeführt wurde oder wird, haben sie im maßgeblichen Kalenderjahr Einnahmen gehabt?
Hier kannst du an Hand deiner Lohnsteuerkarte oder einer Bescheinigung deines Arbeitgebers über deine Bruttoeinnahmen und Steuern die entsprechenden Summen eintragen.

Block 11 Haben Sie Einnahmen, die im Steuerbescheid für das maßgebliche Kalenderjahr nicht enthalten sind?
Hier gibt es zwei Möglichkeiten für dich:

> ➢ **Einnahmen, die wegen Geringfügigkeit von dem Arbeitgeber pauschal versteuert wurden** (hier geht es um deine Einnahmen aus Minijobs, wenn diese nicht in dem Steuerbescheid aufgeführt sind.)

> ➢ **Einnahmen, die im Ausland erzielt wurden** (Es kann sein, dass du im Ausland gearbeitet hast und dort auch dein Einkommen versteuert hast. Dann kann es sein, dass dieses Einkommen nicht im Steuerbescheid aufgeführt ist, dann musst du diese Einnahmen hier eintragen und mit einer Verdienstbescheinigung in Kopie nachweisen. Kannst du höhere Werbeausgaben geltend machen als den steuerlichen Pauschbetrag, dann reiche dies auf einem gesonderten Blatt ein.) Du musst angeben in welchem Staat du gearbeitet hast, in welcher Währung welcher Betrag gezahlt wurde. Hast du Steuern im

86

Ausland abgeführt, dann gebe diese in der jeweiligen Währung an.

Block 12 **Haben Sie Einnahmen im maßgeblichen Kalenderjahr, die aufgrund des Auslandstätigkeitserlasses nicht versteuert wurden?**
Bist du in einem Land seit drei Monaten ununterbrochen tätig, dass keine Doppelbesteuerung zulässt, oder hast als Entwicklungshelfer gearbeitet, dann musst du diese Einnahmen angeben und nachweisen.

Block 13 **Wurden vom Arbeitgeber im maßgeblichen Kalenderjahr vermögenswirksame Leistungen erbracht?**
Dies wird bereits in der Bescheinigung über das Einkommen in dem jeweiligen Jahr abgefragt. Du kannst es dort entnehmen oder verweist darauf, dass diese Angaben im Steuerbescheid enthalten sind.

Block 14 **Haben Sie Renten im maßgeblichen Kalenderjahr bezogen?**
Das bezieht sich auf gezahlte Renten im relevanten Jahr. Dabei werden die Arten der Renten abgefragt und die gezahlte Jahresbruttosumme. **Unter diese Renten fallen unter anderem:** Zu den Renten gehören Renten wegen Berufsunfähigkeit oder Erwerbsunfähigkeit, Altersruhegeld incl. Rententeile nach dem Hinterbliebenen- und Erziehungszeitengesetz, Witwenrenten, Renten aus einer landwirtschaftlichen Alterskasse, Renten nach dem Künstlerversicherungsgesetz, Ärzteversorgungen, Lebensversicherungen auf Rentenbasis, Firmenrenten und Beträge aus Zusatzversorgungskassen (z.B. VBL-Leistungen) sowie Unfallrenten aus einer gesetzlichen oder privaten Unfallversicherung, jeweils einschließlich

87

etwaiger Kinderzuschüsse und Kinderzulagen. Hierzu gehören weiterhin Versorgungsrenten nach dem BVG und den Gesetzen, die das BVG für anwendbar erklären und Renten nach §§ 31 bis 34 Bundesentschädigungsgesetz ohne Grundrente bzw. eines der Grundrente nach dem BVG entsprechenden Betrages und ohne Schwerstbeschädigtenzulage, Zulage für fremde Führung, Pauschbeträge für Kleider- und Wäscheverschleiß und Pflegezulage. Gesetze, die das BVG für anwendbar erklären, sind: das Soldatenversorgungsgesetz (§ 80), Zivildienstgesetz (§ 47), Bundesgrenzschutzgesetz (§ 59 Abs. 1), Häftlingshilfegesetz (§§ 4 und 5), Gesetz über die Unterhaltsbeihilfe für Angehörige von Kriegsgefangenen (§ 3), Gesetz zu Art. 131 Grundgesetz (§§ 66 und 66a), Gesetz zur Einführung des Bundesversorgungsgesetze im Saarland (§ 5), Gesetz über das Zivilschutzkorps (§ 46) in Verbindung mit dem Soldatenversorgungsgesetz (§ 80), Bundes-Seuchengesetz (§ 51), Infektionsschutzgesetz (§ 60), Gesetz über die Entschädigung für Opfer von Gewalttaten (§ 1).

Block 15   **Haben Sie Unterhaltsleistungen im maßgeblichen Kalenderjahr erhalten?**
Erhältst du Unterhaltsleistungen von einem geschiedenen oder getrennt lebenden Partner, der aber nicht mit dem Antragsteller verwandt ist, also zum Beispiel vom Stiefvater des Auszubildenden und damit deinem Ex-mann, dann musst du das hier angeben.

Block 16   **Haben Sie Arbeitslosengeld/ Arbeitslosenhilfe, Krankengeld, Konkursausfallgeld/ Insolvenzgeld, Kurzarbeitergeld/Transferkurzarbeitergeld oder Abfindungen (steuerfreier Teil) im maßgeblichen Kalenderjahr bezogen?**

88

Hast du Leistungen vom Arbeitsamt, der Arbeitsgemeinschaft, dem Sozialamt, der Krankenkasse oder eine Abfindung von deinem Arbeitgeber bekommen, so musst du hier die Jahres- bzw. die Nettosumme eintragen. Bei Abfindungen musst diese inklusive dem steuerfreien Anteil angeben unter Jahressumme. Den steuerfreien Teil trage davor ein. Alle diese Summen musst du belegen.

Block 17 **Haben Sie im maßgeblichen Kalenderjahr andere als unter Nummer 16 aufgeführte Einnahmen nach BAföG-Einkommensverordnung bezogen?**
Nun wird es interessant. Denn manche Leistungen werden nun zweimal abgefragt (Hoppla, kleine Falle zur Überprüfung). Du musst nun die Leistungen hier aufführen, die du **bisher noch nicht** genannt hast. Wir haben erst einmal für dich **alle Leistungen nach BAföG-Einkommensverordnung** aufgelistet:

> ➤ **Leistungen der sozialen Sicherung** wie Entgeltersatzleistungen, Arbeitslosengeld, Teilarbeitslosengeld, Unterhaltsgeld für Arbeitnehmer bei Teilnahme an Maßnahmen der beruflichen Weiterbildung, Übergangsgeld bei Teilnahme an Leistungen zur Teilhabe am Arbeitsleben, Kurzarbeitergeld/ Transferkurzarbeitergeld, Insolvenz/ Konkursausfallgeld, Arbeitslosenhilfe, Winterausfallgeld, Überbrückungsgeld, Eingliederungshilfe

> ➤ **Leistungen nach dem V. Sozialgesetzbuch** wie Krankengeld, Mutterschaftsgeld, Elterngeld, Zuschuss zum Mutterschaftsgeld, Verletztengeld, Übergangsgeld

➢ **Leistungen nach dem Bundesversorgungsgesetz (BVG) und den Gesetzen, die nach dem BVG anwendbar sind.** Das können sein: Versorgungskrankengeld, Übergangsgeld, Unterhaltsbeihilfe, laufende ergänzende Hilfe zum Lebensunterhalt

➢ **Lastenausgleichgesetz, Reparationsschädengesetz, Flüchtlingshilfegesetz** erhältst du nach einem dieser Gesetze Unterhaltshilfe, Unterhaltsbeihilfe, Beihilfe zum Lebensunterhalt, dann musst du jeweils die Hälfte der Beträge angeben.

➢ **Unterhaltssicherungsgesetz,** die nachfolgenden Leistungen dürfen nicht zum Ausgleich für den Wehrdienst geleistet werden. Allgemeine Leistungen nach § 5, Einzelleistungen nach § 6, Leistungen für grundwehrdienstleistende Sanitätsoffiziere nach § 12a, Verdienstausfallentschädigungen, entsprechendes gilt auch für gleichartige Leistungen nach dem **Zivildienstgesetz und dem Bundesgrenzschutzgesetz**

➢ **Beamtenversorgungsgesetz** hier muss das Übergangsgeld angegeben werden

➢ **Unterhaltsvorschussgesetz** wie Unterhaltsleistungen

➢ **Richtlinien über die Gewährung von Anpassungsgeld an Arbeitnehmer des Steinkohletagebaus** wie eben das Anpassungsgeld

90

- ➢ Beihilfen aufgrund **von der Gewährung von Beihilfen für Arbeitnehmer der Eisen- und Stahlindustrie**

- ➢ **Soldatenversorgungsgesetz,** hier sind die Arbeitslosenhilfe, Arbeitslosenbeihilfe wie das Übergangsgeld gemeint.

- ➢ **Verordnung über die Gewährung von Vorruhestandsgeld** wie das Vorruhestandsgeld.

- ➢ **Berufskrankheitenverordnung,** hier sind die Übergangsleistungen nach § 3 gemeint.

- ➢ **Wehrsoldgesetz** wie Geld- und Sachbezüge, Wehrsold, Verpflegung, Unterkunft nach §§ 2- 4, das gilt auch für gleichartige **Leistungen nach dem Bundesgrenzschutzgesetz, Zivildienstgesetz sowie für Angehörige der Vollzugspolizei und Berufsfeuerwehr**

- ➢ **Voruhestandsbezüge** und **gleichwertige Leistungen,** auch wenn sie steuerfrei sind, dazu zählt auch Ausgleichsgeld nach dem **Gesetz zur Förderung der Einstellung der landwirtschaftlichen Erwerbstätigkeit**

- ➢ **Leistungen nach dem Altersteilzeitgesetz** wie Aufstockungsbeträge und Zuschläge

- ➢ Abfindungen nach § 3 Nr. 9 dem **Einkommenssteuergesetz**

➢ **Leistungen nach dem Unterhaltsgesetz**
wie Unterhaltsleistungen, mit Ausnahme
deiner Unterhaltsleistungen, die du schon
aufgeführt hast. Das heißt, bekommst du
für ein Kind Unterhaltsleistungen, die du
noch nicht aufgeführt hast, dann trage sie
unter 17 ein.

➢ **Leistungen nach § 9 Abs. 1 des
Anspruchs- und
Anwartschaftsüberführungsgesetz**

➢ **Einnahmen bei Auslandstätigkeit** wie
Bezüge der Bediensteter internationaler
und zwischenstaatlicher Organisationen
und Institutionen (also wenn du bei der
UNO oder der NATO zum Beispiel
angestellt bist), Bezüge diplomatischer und
konsularischer Vertreter fremder Mächte

➢ Einnahmen nach dem
Bundesbesoldungsgesetz, der
Auslandszuschlag, der
Auslandskinderzuschlag.

**Block 18 Haben Sie weitere Einnahmen im
maßgeblichen Kalenderjahr bezogen, die nicht
unter 10- 17 aufgeführt sind?**
Du wirst dich fragen, was das noch sein könnte,
ganz einfach, es geht hier um Leistungen aus
Stiftungen wie die Stiftung für Mutter und Kind oder
die Stiftung Deutsche Sporthilfe. Hast du daraus
Einnahmen erhalten, dann trage diese bitte hier
ein.

Jetzt kommen der übliche Stapel von Erklärungen und
Androhungen, denn du sollst dir über die Folgen möglicher
falscher Angaben klar sein. Wir empfehlen dir, bei der
Wahrheit zu bleiben, die Verbindung zwischen den Ämtern

92

besonders zum Finanzamt ist fast durchsichtig und die Strafen sind hart für dich und den Auszubildenden. Jetzt musst du nur noch unterzeichnen und du bist fertig.

Als Hausfrau oder als Elternteil ohne Einkommen musst du die **Zusatzerklärung für Elternteile ohne Einkommen** unterzeichnen, welche sich auf der folgenden Seite befindet. Damit erklärst du, dass du über kein Einkommen verfügst, welches hier abgefragt wurde.

Damit bist du fertig und musst es nur abschicken, damit dein Junior nicht länger auf sein BAB warten muss.

Veränderungsmitteilung

Die Veränderungsmitteilung ist immer dann nötig, wenn du umziehst, deine Kontoverbindung sich ändert oder deine Ausbildung unterbrechen musst usw.

Diese bekommst du mit dem BAB- Antrag ausgehändigt. Wir haben dich bereits darauf hingewiesen, dass du alles melden musst, was zu einer Veränderung deines BAB führen kann.

Natürlich gibt es dafür ein Formular und das schauen wir uns jetzt mal an.

Absender: hier gehört deine Anschrift hinein.

Was jetzt auf dich zutrifft, musst du ankreuzen.

Das Berufsausbildungsverhältnis wurde gelöst ab
Es kann ja sein, es stellt sich heraus, dass du eine Allergie hast und musst deine Ausbildung aufgeben oder deine Firma schließt wegen Konkurs, dann trage hier ein ab wann das Ausbildungsverhältnis gelöst wurde.

Die Ausbildung wird fortgesetzt seit dem...
Hattest du deine Ausbildung unterbrochen oder eine andere Firma bietet dir in deinem Ausbildungsberuf die Weiterausbildung an, dann musst du das hier eintragen mit dem Datum, ab wann, als was und bei wem du deine Ausbildung fortsetzt.

Die Ausbildung wird/ wurde unterbrochen wegen

- **Krankheit**
- **Schwangerschaft**

- **sonstiger Gründe**

Erster Fehltag......   voraussichtlich letzter Fehltag........

Ausbildungsvergütung wird weitergezahlt bis_____
Jetzt geht es um die Gründe für deine
Veränderungsmitteilung. Du musst durchstreichen, was auf
dich nicht zutrifft (**wird/ wurde**). Also entweder du wirst deine
Ausbildung unterbrechen oder du hattest deine Ausbildung
unterbrochen und willst sie nun wieder aufnehmen.
Das kann durch **Krankheit** (länger als sechs Wochen mitunter
schon drei Wochen – danach erkundige dich bei deiner
Agentur für Arbeit), **Schwangerschaft** oder aus **anderen
Gründen** geschehen.
Nun musst du entweder den **ersten Fehltag** bzw. den **letzten
Fehltag** sowie **bis wann dein Lehrgeld gezahlt** wird.

**Die Berufsausbildungshilfe ist künftig wie folgt zu
überweisen:**
Hat sich nur deine Kontoverbindung geändert, dann trage hier
deine neue Kontoverbindung ein.

Der Ausbildende ist verzogen am_____
Neue Anschrift_____
Art der Unterbringung_____
Bist du umgezogen, dann trage ein, ab wann das geschehen
ist, wohin du gezogen bist und ob du allein oder bei
Verwandten bzw. im Wohnheim wohnst. Vergiss nicht den
neuen Mietvertrag zu kopieren und mit einzureichen.

Sonstige Änderungen_____
Ändern sich deine Familienverhältnisse, weil du geheiratet
hast oder du hast Nachwuchs bekommen, dann trage das hier
ein und lege eine Kopie der Geburts- bzw. Eheurkunde dazu.

**Die Änderungen beziehen sich auf das Kindergeld;
Kindergeldnummer.**
Betrifft das dich oder dein Kind, dann trage die Änderungen
hier ein.

Das ganze musst du nun noch unterschreiben und fertig bist du.

Alle weiteren Formulare musst du nur den entsprechenden Stellen und Ämtern vorlegen, die füllen dann den Rest aus und geben das ausgefüllte Formular entweder an dich oder direkt an die Agentur für Arbeit weiter.

Checkliste

- ✓ „Antrag auf Berufsausbildungsbeihilfe" vollständig ausgefüllt
- ✓ Ausbildungs-/ Lehrvertrag in Kopie
- ✓ „Erklärung zum Einkommen des/der Auszubildenden"
- ✓ „Bescheinigung der Ausbildungsstätte"
- ✓ „Unfallfragebogen"
- ✓ Mietvertrag in Kopie oder „Angaben zur Miete"
- ✓ „Zusatzblatt bei Wohnheim-/Internatsunterbringung"
- ✓ Steuerbescheid der Eltern vom vorletzten Jahr
- ✓ „Erklärung Eltern unbekannt"
- ✓ Einkommensnachweis der Eltern, wenn kein Steuerbescheid vorliegt
- ✓ „Zusatzfragebogen für Kinderbetreuungskosten"
- ✓ In beglaubigter Kopie für Spätaussiedler Registrierschein
- ✓ Nichtdeutsche Auszubildende beglaubigte Kopie des Reisepass, Pass oder der Aufenthaltsbescheinigung
- ✓ Heiratsurkunde oder Familienstammbuch in beglaubigter Kopie
- ✓ Schwerbehindertenausweis
- ✓ Jahres-/Monatskarte, Bahncard in Kopie
- ✓ „Veränderungsmitteilung"

Fristen und Dauer

Wir empfehlen dir den Wiederholungsantrag auf BAB immer **drei Monate vor Ende des Bewilligungszeitraums** zu stellen.

Stellst du den Antrag neu, dann solltest du **spätestens mit Beginn deiner Ausbildung** den Antrag stellen bzw. sobald du den **Ausbildungsvertrag** in den Händen hältst.

Leider arbeiten die meisten Ämter wesentlich langsamer, als du es je bei deiner Arbeit darfst, und laut unserer Erfahrung sind **drei Monate** Bearbeitungszeit eher die Regel bei der Agentur für Arbeit.

Dein BAB bekommst du dann **für 18 Monate** genehmigt und musst nach Ablauf dieser Zeit einen neuen Antrag stellen.

Abgelehnt – was nun

Wird dein Antrag auf BAB abgelehnt, dann schau nach aus welchem Grund.

Ist bei der Berechnung zum Beispiel heraus gekommen, dass deine Eltern im vorletzten Jahr zu viel verdient hatten, so kann das für dieses Jahr schon ganz anders aussehen.

Tipp: Lege **Widerspruch** ein und verlange eine **Aktualisierung des Einkommens.**

Meinst du die **Berechnung ist falsch**, dann lege auch hier **Widerspruch** ein und schildere, warum du meinst, dass die Berechnung nicht richtig ist.

Tipp: Meistens ist ein **Fehler** bei den **Freibeträgen** zu finden oder bei den Beträgen zum Absetzen der **Werbekosten**. Gern wird auch nur der Mindestbetrag für die **Fahrkosten** oder **die Miete** gezahlt.

Tipp: Oft ist die Berechnung so undurchsichtig, dass du eine **nachvollziehbare Berechnung** verlangen kannst. Diese bekommst du erst nach einem Widerspruch. Die Offenlegung der Berechnung bedeutet für dich, dass alles noch einmal nachgerechnet wird. So können eventuelle Fehler noch nachträglich korrigiert werden.

Tipp: Wollen deine Eltern dir keinen Unterhalt zahlen, dann gibt es noch das **Vorausleistungsverfahren.** Das hat den Vorteil, dass dir BAB im vollen Umfang gezahlt wird, obwohl deine Eltern einen Teil oder ganz diese Leistung dir zahlen müssten, weil sie so gut verdienen. Nachteil: deine Eltern sind nicht aus dem Schneider. Das Amt holt sich von ihnen das Geld zurück.

Tipp: Lege dir von **allem eine Kopie** an. So kannst du einsehen, was du geschrieben hast und machst beim Wiederholungsantrag keinen Fehler und kannst beim Widerspruch besser argumentieren.

Tipp: Ist die Situation für dich nicht tragbar, du kannst also nicht länger auf das Geld verzichten, dann suche dir einen guten **Anwalt für Sozialrecht** in deiner Nähe (nach Möglichkeit sollte die Kanzlei beim Oberlandesgericht zugelassen sein) und reiche eine **Klage** sowie einen **Antrag auf eine einstweilige Anordnung auf sofortige Zahlung des BABs** ein. Der Anwalt wird dich beraten und alles weitere in die Wege leiten. Das ist für dich kostenlos, denn dir steht **Beratungshilfe wie Prozeßkostenbeihilfe** zu.

Tipp: Wir haben dir bereits einen Hinweis auf den **BAB- Rechner** zum Anfang gegeben, zu

finden unter
http://babrechner.arbeitsagentur.de/
Der Rechner hat auch den Vorteil, dass du
dir alles **ausdrucken** kannst und so noch
besser **vergleichen bzw. argumentieren**
kannst.

Tipp: Hast du bereits BAB bewilligt bekommen, so
wird es dich freuen zu hören, das sämtliche
BAB- Bewilligungen, die über den
September 2008 hinaus gehen, neu
berechnet werden ohne dass du einen
Antrag stellen musst. Denn ab September
2008 greifen die **neuen Freibeträge nach
der BAföG- Ordnung**. **Pass auf**, dass die
neuen Freibeträge mit dabeistehen bei der
neuen Berechnung, sonst ist der Bescheid
fehlerhaft.

Tipp: Hast du noch offene Fragen, so lohnt es sich
das bei uns erschiene Buch **„BAföG aktuell"**
von Meiling und Lehmann dir zu zulegen. Da
das BAB eng mit dem BAföG verknüpft ist
und sich auf das BAföG- Gesetz bezieht,
werden in „BAföG aktuell" alle noch
auftretende Fragen beantwortet.

Ein heikles Thema: Sexuelle Belästigung und Mobbing

Das ist ein sehr sensibles Thema, was gerne tot geschwiegen wird. Doch es ist eine Tatsache, dass über zwei Drittel aller Frauen und in den letzten Jahren auch zunehmend Männer mindestens einmal sexueller Belästigung oder Mobbing im Beruf ausgesetzt waren. In der Ausbildung liegen diese Zahlen sogar noch höher.

Eine ganz schön traurige Bilanz, darum haben wir uns entschlossen, dieses Tabu- Thema zum Abschluss an diesem Buch aufzugreifen und dir Tipps zu geben, woran du sexuelle Belästigung und Mobbing erkennen kannst und wie du damit umgehen solltest.

Mancher unserer Tipps werden dich zum Schmunzeln bringen, denn viele Belästigungen kannst du schon im Vorfeld begegnen, wenn du jemanden mal den Spiegel vorhältst und ihm zeigst, wie es ist, Opfer zu sein.

Woran erkennt man eine sexuelle Belästigung?

Der Grat zwischen einer harmlosen Geste und einer Belästigung ist sehr schmal und wird oft erst im Nachhinein erkannt. Bist du dir unsicher, dann vergleiche erst einmal das Verhalten des Betreffenden, ob er die gleichen Gesten gegenüber anderen anwendet und frage auch nach, ob sich die anderen davon belästigt fühlen.
Erst einmal klipp und klar:

Alles, was dir unangenehm ist, ist nicht in Ordnung und sollte direkt angesprochen werden (wenn es geht, vor anderen).

Reagiert der Betreffende nicht, hast du es mit einer **Belästigung** zu tun.

Dabei solltest du ernst und bestimmt **„nein"** sagen, damit dein Gegenüber es auch klar versteht. Nur weil du Azubi bist, musst du dir nicht alles gefallen lassen.

Doch es **muss klar und eindeutig** sein, dass du diese Art Belästigung nicht wünschst. Ein „Nein" mit einem netten Lächeln oder Kichern zu verpacken, kann vom anderen als ein „vielleicht" oder „ja" gewertet und als Flirt ausgelegt werden.

Die **Kennzeichen** für eine **sexuelle Belästigung** werden wir dir jetzt vorstellen:

> ➢ **Hinterpfeifen** (nur weil du einen kurzen Rock wegen der Sommerhitze trägst, muss man dir doch nicht hinterher pfeifen)

> ➢ **Anstarren bestimmter Körperteile** wie Brüste

> ➢ **Bemerkungen mit sexuellen Inhalt** wie zotige Witze, Sprüche über deine Figur usw.

> ➢ **Körperliche Berührungen** (Brüste anfassen, in den Po kneifen, usw.)

> ➢ **Aufdrängen sexueller Handlungen**, das können ungewollte Küsse oder Angrapschen sein

> ➢ **Unerwünschte Einladungen mit eindeutigen Inhalt**

> ➢ Das **Zeigen und Anbringen pornografischer Bilder**

> ➢ **Androhung von Nachteilen bei sexueller Verweigerung**

> ➢ **Versprechen von Vorteilen bei sexuellem Entgegenkommen**

Wenn du dich nach so einer Aktion gedemütigt, angeekelt, beleidigt oder einfach nur unwohl und belästigt fühlst, dann hast du **verschiedene Möglichkeiten darauf zu reagieren.**

Eins vorab, der Gesetzgeber regelt das sehr eindeutig und vor allem streng, doch eine **Anzeige bei der Polizei** sollte dein letztes Mittel sein. Darum stellen wir dir jetzt einige Möglichkeiten vor, wie du reagieren kannst:

> ➤ **Nehme deine Empfindungen ernst** und werde dir klar, dass es sich um eine Belästigung handelt.

> ➤ **Suche dir Kollegen oder Freunde und rede mit ihnen darüber, was dir missfällt.** Erstens kannst du dir dann sicher sein, ob es sich wirklich um eine Belästigung handelt und zweitens, wenn mehrere Leute sich mit dir zusammen tun, dann ist deine Chance größer, dass der andere dein „Nein" wirklich versteht.

> ➤ Du musst **unmittelbar nach so einem derartigen Vorfall, dieses Verhalten energisch und deutlich zurückweisen.** Nett und freundlich bringt hier nichts, dass kann missverstanden werden. Wenn andere dabeistehen, dann auch **laut genug**, dass es die anderen mitbekommen.

➢ **Drohe mit einer Beschwerde an der übergeordneten Stelle und dass du den Vorfall öffentlich machen willst.**

➢ Du kannst auch etwas später reagieren, nur dann solltest du der betreffenden Person **schriftlich zu verstehen** geben, welche Konsequenzen eine Wiederholung haben könnte. Dabei bleibe **sachlich** und gehe **detailliert** auf den Vorfall ein. Entweder gibst du den Brief öffentlich vor anderen Kollegen oder du schickst den Brief **per Einschreiben mit Rückschein** zu. Auf alle Fälle solltest du dir eine Kopie behalten.

➢ Fertige **ein Zeitprotokoll** an. Ein Zeitprotokoll beinhaltet, die genauen Übergriffe mit Ort und Zeit sowie eventuellen Zeugen.

➢ Schalte **deinen Chef, die übergeordnete Stelle wie den Personalchef oder den Gleichstellungsbeauftragten** ein. Beschwerden sind von diesen Führungskräften genau zu prüfen und entsprechende Schritte zu unternehmen.

➢ In besonders harten Fällen kannst du mit **Leistungsverweigerung reagieren** und solltest du auf Grund der Vorfälle beispielsweise **gesundheitliche Schäden** (meist psychischer Art) davon tragen oder weil du nicht mehr arbeiten kannst, steht dir ein **Schadensersatz** zu. Vorrausetzung ist, dass dein Arbeitgeber Kenntnis von den Vorkommnissen hat. Hole dir auf alle Fälle **vorher rechtlichen Rat** ein. Ein Rechtsanwalt hat wie ein Arzt eine **Schweigepflicht**, es kommt also nichts, was du nicht willst, aus dem Büro hinaus.

Wir haben dir ein paar **Urteile zu dieser Problematik** zusammengestellt:

- **Urteil 3 Sa 163/06**
  „Wer fummelt, fliegt fristlos"

- **Urteil 2 AZR 341/03**
  „Außerordentliche Kündigung wegen sexueller Belästigung am Arbeitsplatz"

- **Urteil 7 Sa 508/04**
  „Am Arbeitsplatz: Klaps auf den Po = sexuelle Belästigung"

Artikel zu diesen Themen kannst du hier finden:

- Sexuelle Belästigung am Arbeitsplatz; **monster.de**, 22.10.2007

- Sexuelle Belästigung: "Zur Sache, Schätzchen"; **FOCUS Online**, 02.08.2007

107

- AGG-Stichwort: Sexuelle Belästigung am Arbeitsplatz; **ver.di b+b**, Februar 2007

- Job & Recht: Sexuelle Belästigung am Arbeitsplatz; **Verlag für die Deutsche Wirtschaft**, 17.01.2007

- Sexuelle Belästigung am Arbeitsplatz: Vorsätzliche Verletzung des "Sicherheitsabstands" kann fristlose Kündigung rechtfertigen; **anwalt24.de**, 13.01.2007

- Wer fummelt, fliegt fristlos; **FOCUS Online**, 04.01.2007

- Praktische Verhaltensregeln zur Bekämpfung von sexueller Belästigung am Arbeitsplatz; **Tätigkeitsbereiche der Europäischen Union**, 28.06.2005

- Sexuelle Belästigung am Arbeitsplatz nicht verschweigen; **JOBBER**, 28.04.2003

- Sexuelle Belästigung am Arbeitsplatz; **FrauenNotruf e.V.**

- Sexuelle Belästigung am Arbeitsplatz - immer noch ein Tabuthema? **Jobware**, 15.07.2002

- Sexuelle Belästigung ist Diskriminierung; **3sat.online**, 18.04.2002

Adressen, an welche du dich wenden kannst:

- Mit mir NICHT!
  Bundesministerium für Familie, Senioren,
  Frauen und Jugend

- Bundesverband Frauenberatungsstellen und
  Frauennotrufe

- FrauenNotruf e.V. Wuppertal

- Sexuelle Belästigung am Arbeitsplatz; Frauen
  im Netz

- Bundesminististerium für Familie, Senioren,
  Frauen und Jugend

- Selbstschutz-Fibel

- Arbeitsrecht online

Tipp: Junge Frauen ergreifen immer häufiger
„Männerberufe". Einigen Herren der
Schöpfung fällt es mitunter schwer, diesen
Einbruch ihre Domäne zu akzeptieren,
geschweige denn zu respektieren. So wirst
du dich mit frauenfeindlichen Witzen
konfrontiert sehen sowie den üblichen Pin up
Girls. **Drehe doch den Spieß um**, erzähle
ein paar hässliche Witze über dumme
Männer und bald dürfte es auch der sturste

Kollege verstanden haben - diese Art Witze verbittest du dir.

Tipp: Die nackten **Pin up Girls** in Werkstätten und Umkleidekabinen scheinen ein männliches Muss in einer Werkstatt oder in den Umkleideräumen zu sein. Unser Vorschlag: Hänge deinen eigenen Kalender auf, es gibt wunderbare **Posterkalender mit wirklich tollen Männerbodys** drauf, welche mit den perfekten Maßen diese Herren subtil in die Schranken weisen. Du siehst, es kann auch Spaß machen, anderen einen Spiegel vorzuhalten.

Tipp: Viele Frauen, aber auch immer mehr Männer müssen sich den **Klaps auf den Po** gefallen lassen. Das muss man natürlich nicht! Sehr **wirkungsvoll** kann hier unsere „**Spiegelmethode**" sein. Kehre einfach das Ganze um und kneife mal deinen Peiniger in den Po. Spätestens wenn du fragst, ob demjenigen das gefällt (oder du ein paar andere findest, die da mitmachen), hört er oder sie bestimmt auf.

Tipp: Manchmal kann es ja tatsächlich passieren, dass dich jemand **unabsichtlich intim berührt** oder dich durch Worte verletzt. Das einfachste, um festzustellen, ob das Absicht war oder nicht, ist ein kleines Wort. „**Entschuldigung**" sagt dir jemand nur, wenn er es wirklich nicht wollte.

Schauen wir uns nun das **Mobbing** an.

Mobbing beginnt verdeckt und schleichend. Und grade du als Azubi bist unsicher wie du dich verhalten sollst. Da ist einerseits der Respekt vor dem erfahrenen Kollegen oder Kolleginnen und so mancher Spruch wird zu Anfang gar nicht als Mobbing sichtbar.

Tipp: **Werte nicht alles als Mobbing**, manchmal kann eine <u>Bemerkung aus einem schlechten Tag heraus geboren werden</u>. Das heißt, wir sind alle nur Menschen und haben mal einen schlechten Tag und dann kann es passieren, dass wir etwas sagen, was uns am nächsten Tag leid tut. Das soll nicht so ein Verhalten entschuldigen, aber Verständnis für eine gestresste junge Mutter oder Vater schaffen, wo das Baby grade die Zähne bekommt und an Schlaf nicht zu denken ist.

Fühlst du dich durch eine Bemerkung verletzt, dann warte ab, ob man sich am nächsten Tag bei dir **entschuldigt**. Hören die Beleidigungen nicht auf, dann solltest du dir überlegen, wie du dich verhalten willst.

Wenden wir uns erst einmal den **Ursachen** von Mobbing zu, damit du verstehst, wieso Menschen überhaupt mobben:

> ➢ **weil sie Angst vor Veränderungen haben,**

> ➢ **oder weil sie neidisch sind,**

> ➢ **sie fürchten Konkurrenz,**

> ➢ **sie suchen und brauchen einen Sündenbock oder Blitzableiter**

> ➢ **weil sie nicht Fehler zugeben können und dementsprechend nicht kritisiert werden wollen.**

> ➢ **Wenn sie jemanden nicht leiden können.**

Häufig ist es einfach schwierig, eine Situation als Mobbing zu erkennen, weil alle **Vorgänge viel subtiler und weniger offensichtlich ablaufen.** Hier einige Beispiele, wie sich Mobbing äußern kann:

> ➢ Es wird hinter deinem Rücken **schlecht über dich gesprochen.**

> ➢ Du bemerkst **abwertende Blicke oder Gesten.**

> ➢ **Kontaktverweigerung** ist auch ein Ausdruck des Mobbings, zum Beispiel, wenn man dich

112

wie Luft behandelt oder du grüßt jemanden und dieser grüßt nicht zurück (ehe du hier von Mobbing ausgehst, vergewissere dich, dass der andere nicht schwerhörig ist.)

➢ **Gerüchte werden verbreitet**, die jeder Grundlage entbehren, besonders schlimm, wenn man dir irgendwelche psychischen Schwierigkeiten oder Abhängigkeiten unterstellt.

➢ **Falsche oder kränkende Beurteilung deiner Arbeitsleistung** sind ebenfalls Mobbing, wie Kritik an deiner Arbeit beispielsweise durch abwertende Bemerkungen.

➢ Deine **Äußerungsmöglichkeiten werden ständig eingeschränkt.** Das heißt, du darfst nicht ausreden oder erklären, man fällt dir einfach ins Wort.

➢ Mobbing ist auch das **Zuteilen sinnloser Aufgaben**. (wie Kaffee kochen, Abwaschen etc., wenn du beispielsweise als Volontär arbeitest).

➢ Oder du erhältst **keine Arbeitsaufgaben.**

➢ Wirst du **mit Absicht lächerlich** gemacht, dann ist das auch eine Form von Mobbing.

- ➤ Dir wird **das Ansprechen des Kollegen verboten**, der dich mobbt. Mobber schalten auf Durchzug und reagieren nicht auf dich.

- ➤ Es gibt aber auch **direkte Formen des Mobbings, wie mündliche Drohungen, offene Kritik an deinem Privatleben oder deiner politischen Einstellung.**

Bisher war es sehr schwierig, Mobbing nachzuweisen. Dazu musste es sich um **systematische Schikanen** über einen längeren Zeitraum handeln. Das hatte zur Folge, dass die gemobbten Personen ernsthaft krank wurden.

Nun ist es mit der Einführung des **Allgemeinen Gleichbehandlungsgesetz** (AGG) vereinfacht worden, sich gegen Mobbing schon zu Anfang zu wehren.

Bevor du jedoch einen Anwalt einschaltest, gibt es für dich aber noch **andere Möglichkeiten dich zu wehren**:

- ➤ Sei einfach stark und wehre dich, **stelle den Mobber vor anderen und konfrontiere ihn** oder sie mit dem, was sie erzählen oder tun.

- ➤ Betrachte dein **eigenes Verhalten kritisch** und überlege dir, wie du die **Strategie deines Mobbers am Besten unterlaufen kannst.** Das tust du, indem du die ganze

Situation analysierst. Arbeite am besten folgende Fragen ab:

- **Wann genau hat das Mobbing begonnen?** Mobbing beginnt schleichend, aber wenn du den ungefähren Zeitpunkt eingrenzen kannst, kannst du auch auf die Angst des Mobbers schließen. Das wiederum bedeutet, du findest den wunden Punkt deines Mobbers.

- **Welche Auslöser gab es vermutlich?** Auslöser für eine Mobbingattacke haben wir dir zu Anfang dieses Abschnittes unter Ursachen genannt. Auch das hilft dir in Zukunft entweder solche Auslöser zu vermeiden oder die Angst des Mobbers einzugrenzen.

- **Unter welchen Mobbingformen leidest du besonders?** Selbst wenn du ein dickes Fell hast, in jeder Lebensgeschichte von uns gibt es wunde Punkte. Leider finden die Mobber relativ schnell diesen Punkt und reiten auf diesem herum. Vielleicht kannst du es nicht ertragen, wenn man dich wie Luft behandelt oder mies über dich redet. Mache dir klar, welche Form des Mobbings dich verletzt.

- **Wer macht bei dem Mobbing mit?**
Mobbing kommt von dem Wort Mob =
was bedeutet Pöbel oder
randalierender Haufen. Das heißt,
meistens sind mehrere Personen
involviert. Schaue also genau hin, wer
alles tuschelt oder dich lächerlich
macht, wer dem Wortführer Beifall
zollt oder über gemeine Bemerkungen
lacht.

- **Bist du wirklich so allein, wie du
denkst, oder hast du Verbündete
bzw. gibt es noch andere, die
ebenso wie du gemobbt werden?**
Meistens wirst nicht nur du allein
gemobbt, sondern es werden auch
andere Personen gemobbt. Oder gibt
es jemanden in deinem Umfeld, der
trotz des Mobbings nett zu dir ist?

- **Wie könntest du anders reagieren
als bisher, wenn so eine
Mobbingsituation auftrat?** Hast du
bisher immer alles schweigend
geduldet, vielleicht solltest du beim
nächsten Mal einfach denjenigen
darauf offen vor anderen ansprechen.
Oder frage einfach mal, wovor er denn
solche Angst hat, dass er dich
immerzu angreifen muss. Tue das
ruhig und sachlich, denn so verblüffst

du erst einmal, weil du aus deiner Opferrolle herauskommst.

Zu **Anfang der Mobbingsituation** macht es noch Sinn, den Mobber **ruhig und sachlich zur Rede** zu stellen.

Solltest du nicht allein aus der Situation herausfinden, dann **wende dich an deinen Ausbilder, den Personalchef oder einen Gleichstellungsbeauftragten in deiner Firma.**

Weiter kannst du **professionelle Hilfe** suchen. Bei **einem Psychologen oder in Selbsthilfegruppen** werden an Hand von Rollenspielen deine Verhaltensweisen trainiert.

Eins sollte dir klar sein, je länger du das beleidigende Verhalten des anderen hinnimmst, umso schwieriger wird es, aus eigener Kraft aus diesem Teufelskreis heraus zu kommen. Darum empfiehlt es sich rechtzeitig etwas zu unternehmen.

Hier **zehn Tipps** für dich, wie du dich gegen Mobbing oder sexuelle Belästigung wehren kannst:

1. Stelle möglichst sofort klar: **„Damit bist du zu weit gegangen. Das will ich nicht!"** Bei allen Übergriffen gilt nämlich eins, je länger du sie duldest, umso schwieriger wird es diese zu unterbinden.

2. **Wehre dich körperlich, wenn du körperlich angegriffen wirst**, also auch beim Angrapschen. Eine Ohrfeige oder das Wegschlagen eines umarmenden Arms kann mitunter sehr effektvoll sein.

3. Merke dir **folgende Sätze**, sie können sehr **hilfreich** sein.
„Hören Sie auf!"
„Ich will das nicht."
„Stopp! Das lasse ich mir nicht gefallen."
„Das geht sie nichts an!"
„Fragen zu meinem Privatleben muss ich Ihnen nicht beantworten."
„Sie haben grade eine Grenze überschritten. Ich habe keine Angst, Ihr Verhalten öffentlich zu machen."

4. **Selbstbewusstsein ist ein wirksamer Schutz vor irgendwelchen Belästigungen**. Wer selbstbewusst auftritt, wird nachweislich weniger belästigt, denn wenn man Kontra bekommt, wird das Belästigen langweilig. Selbstbewusst aufzutreten kann man durchaus lernen. In jeder Stadt gibt es dafür Kurse. Hier eine kleine Übung für dich: Fertige doch mal eine Liste an, mit den Eigenschaften, die du als deine Stärken einschätzt.
Stelle dir die Fragen:

Was mag ich an mir?

Was kann ich gut?

Worauf bin ich stolz?

Frage deine Freunde, wie sie dich sehen und was sie meinen, was deine Stärken sind. Schreibe das auf und kopiere diese Liste. Dann hängst du sie dir überall auf, zum Beispiel am Schrank, am Kühlschrank, am Spiegel im Bad. Überall, wo du sie sehen kannst. Und immer wenn du daran vorbei kommst, lies darauf nach. Du wirst merken, nach zwei bis drei Wochen beginnst du dich ganz anders wahrzunehmen und aufzutreten.

5. Auch wenn du nach einer Beleidigung erst einmal Luft holen musst, **laufe nicht weg**. Hole tief Luft, sammle dich kurz und dann verbitte dir dieses Benehmen.

6. Oder du schreibst der Person einen **sachlichen Brief**, benennst den Vorfall und forderst denjenigen auf, in Zukunft so etwas zu unterlassen. Hebe dir unbedingt eine Kopie auf, <u>nach dem dritten Vorfall spätestens</u> musst du deinem Vorgesetzten nämlich eine Mitteilung über die Vorfälle machen und dann macht sich so ein schriftlicher Beweis recht gut.

7. **Schaffe dir Verbündete**, so kannst du einfacherer diese Machtspielchen ausbremsen. Willst du die Person, die dich

belästigt, zur Rede stellen, so ist es vorteilhafter, wenn dir jemand den Rücken stärkt.

8. Schreibe alle Vorkommnisse in einem **Tagebuch** auf. So etwas lässt sich gut als Beweis verwenden und du kannst dir beim Lesen über einige Dinge klar werden. Zum Beispiel, wann hat alles wie angefangen.

9. **Sprich mit anderen Azubis oder Kollegen über die Vorfälle**. Vielleicht haben andere das Gleiche erlebt und können dir helfen, damit umzugehen. Fazit: **Je mehr sich gegen so eine Person zusammentun, umso wirkungsvoller die Abwehr**.

10. **Beschwere dich bei einer Person deines Vertrauens**, nach Möglichkeit sollte sie im Rang höher als die Person sein, die dich beleidigt.

Nach der Ausbildung

97 % der Auszubildenden haben das Pech, dass sie nach der Ausbildung oder dem Studium nicht übernommen werden bzw. dass sie sich eine Arbeit suchen müssen.

Leider ist es so, dass es schwierig ist, heute eine Firma zu finden, die Berufsanfänger einstellt.

Meistens bleiben nicht viele Möglichkeiten, um nicht arbeitslos zu werden und diese **Möglichkeiten** stellen wir dir vor.

<u>Grundsätzlich:</u> Erst einmal solltest du dich **drei Monate vor dem Ende deiner Ausbildung beim Arbeitsamt melden**. Vorsicht ist hier die Mutter der Porzellankiste. Viele gute Aussichten stellten sich später als Luftblasen heraus. So weißt du wenigstens, dass du finanziell erst einmal abgesichert bist und du bekommst ab dem Tag deiner Anmeldung Stellenangebote zugeschickt.

Wehr- bzw. Zivildienst: Hast du deinen Wehr- oder Zivildienst noch nicht abgeleistet, dann solltest du das jetzt tun. Melde dich am besten in dem zuständigen Wehrkreiskommando bzw. Zivildienststelle an. Dort wird man dir gern weiterhelfen. Zivildienststellen für beispielsweise September des Jahres erfordern eine **Anmeldung bis spätestens März des**

Jahres. Ähnlich verhält es sich mit dem Wehrdienst.

Freiwilliges soziales Jahr: das wird von den Gemeinden und Städten angeboten und ist dort im Bürgerbüro oder beim Amt für Familie und Soziales zu erfragen. Auch hier solltest du dich im März spätestens angemeldet haben.

Praktikum: Ein einjähriges Praktikum ist hervorragend geeignet für alle, die eine schulische Ausbildung absolviert haben. So kannst du Berufserfahrung auf einem speziellen Arbeitsgebiet erwerben und dich darin intensiv einarbeiten. Zu 40% werden die Praktikanten/innen dann übernommen. Auch wenn du nicht übernommen wirst, mit einem Jahr Berufserfahrung und einem guten Arbeitszeugnis hast du weitaus bessere Chancen bei deiner nächsten Bewerbung.

Auslandsbewerbung: Viele Länder haben einen Mangel an gut ausgebildeten Arbeitskräften und so kann eine Bewerbung im Ausland weitaus mehr Erfolg haben, als im Inland. Tatsächlich bieten die Schweiz, Neuseeland, Australien, Norwegen und Kanada Berufsanfängern gute Startmöglichkeiten an. Meistens sind die zwei Voraussetzungen nötig, erstens dass man sehr gut bis gut englisch sprechen kann und zweitens die Abschlussnote muss mindestens „drei" sein.

Studium: Gehörst du zu denen, die ein gutes bis sehr gutes Ausbildungszeugnis hatten und lernen macht dir Spaß, dann überlege dir doch, ob du dich nicht zu einem Studium bewerben willst. Die Abgabefristen für die Bewerbungen sind je nach Fach-/Hochschule unterschiedlich und auf den Homepages einsehbar. Die Regel ist jedoch, für das Wintersemester musst du dich bis März des laufenden Jahres beworben haben. Wir wünschen dir viel Glück und verweisen dich auf den Anfang unseres Buches mit der Finanzierung der schulischen Ausbildung.

Fortbildung bzw. Qualifizierung: Dies kannst du in einer schulischen Ausbildung tun oder in einem Fernstudium. Beide Formen werden mit Meister- BAföG bzw. Weiterbildungs- BAföG oder dem Begabtenstipendium bezuschusst. Nähere Informationen findest du im nächsten Kapitel.

Egal, für welchen Weg du dich entscheidest, vermeide nach Möglichkeit mehr als einen Monat Arbeitslosigkeit. Das sieht nicht gut im Lebenslauf aus und grade der Begriff „Arbeitslosigkeit" ist mit jeder Menge Vorurteilen behaftet. Informationen rund um dieses Thema findest du in unserem Buch **„Arbeitslosengeld I & Hartz IV"**.

Inhalt

Kinder, Kinder- Kindergeld & Co

Tricks, Tipps, Formularerklärung, Anlaufstellen

ISBN 978-3-8334-9565-6, Paperback, 152 Seiten,

€ 16,95

Hier dreht sich alles um die staatlichen Leistungen rund um Familien und Kinder. Genau wird auf jede einzelne Leistung wie Kindergeld, Kinderzuschlag, Elterngeld, Unterhaltsvorschuß, Waisenrente eingegangen und die einzelnen notwendigen Formulare in bewährter Schritt-für-Schritt- Methode leicht und verständlich erklärt.
Kritisch werden mögliche Fallstricke aufgezeigt und eine umfangreiche Sammlung von Tricks und Tipps zu jedem Gebiet, die nicht so bekannt sind, runden das Buch umfassend ab.
Erprobt wurde der Ratgeber mit 98 %igen Erfolg bei mehreren Eltern und volljährigen Kindern rund um Braunschweig und Wolfsburg.

Sabine L. "So einfach war es noch nie gewesen. Vielen Dank, dass wir in der Testgruppe mitmachen durften."
Marion u. Horst Z. "Leicht verständlich und frisch,...so macht Lesen und Formulare ausfüllen Spaß."

Als PDF preiswert für 6,95 € unter www.meilingverlag.de bestellen.

BAföG aktuell

Tricks, Tipps, Formblatterklärungen

Paperback, 116 Seiten, € 14,95

Hier dreht sich alles rund ums Bafög, mit sämtlichen Formblättern und ausführlichen, leicht verständlichen Erklärungen inkl. dem 22. Änderungsgesetz, erprobt mit 93 % positiven Ergebnis inklusive mit umfangreichen Tricks und Tipps, die nicht so bekannt sind.

Es wird genau erläutert, worauf man achten sollte, welche Fallstricke es gibt und mit Anlaufstellen, die wichtig sind für ein erfolgreiches Studium.

Dabei geht es nicht allein in diesem Buch darum, was man alles bekommen kann, sondern auch wo und was man dazu benötigt sowie eine erklärende Hilfe beim Ausfüllen der Formulare inklusive Checkliste wird angeboten.

Auf schwer verständliche Formulierungen wird verzichtet, man braucht also kein Gesetzesbuch und ein Fremdwörterlexikon, um sich durch den Text zu arbeiten.

ISBN   978-3-8370-1215-6

Als PDF- Datei preiswert für 6,99 € unter www.meilingverlag.de bestellen.